AF573118

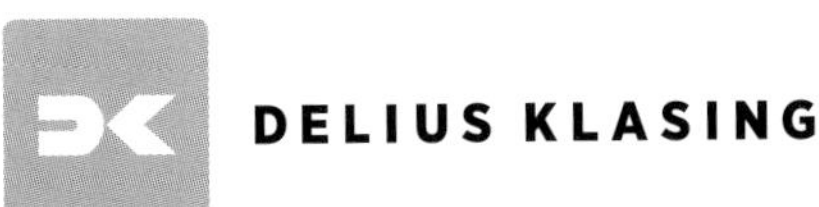
DELIUS KLASING

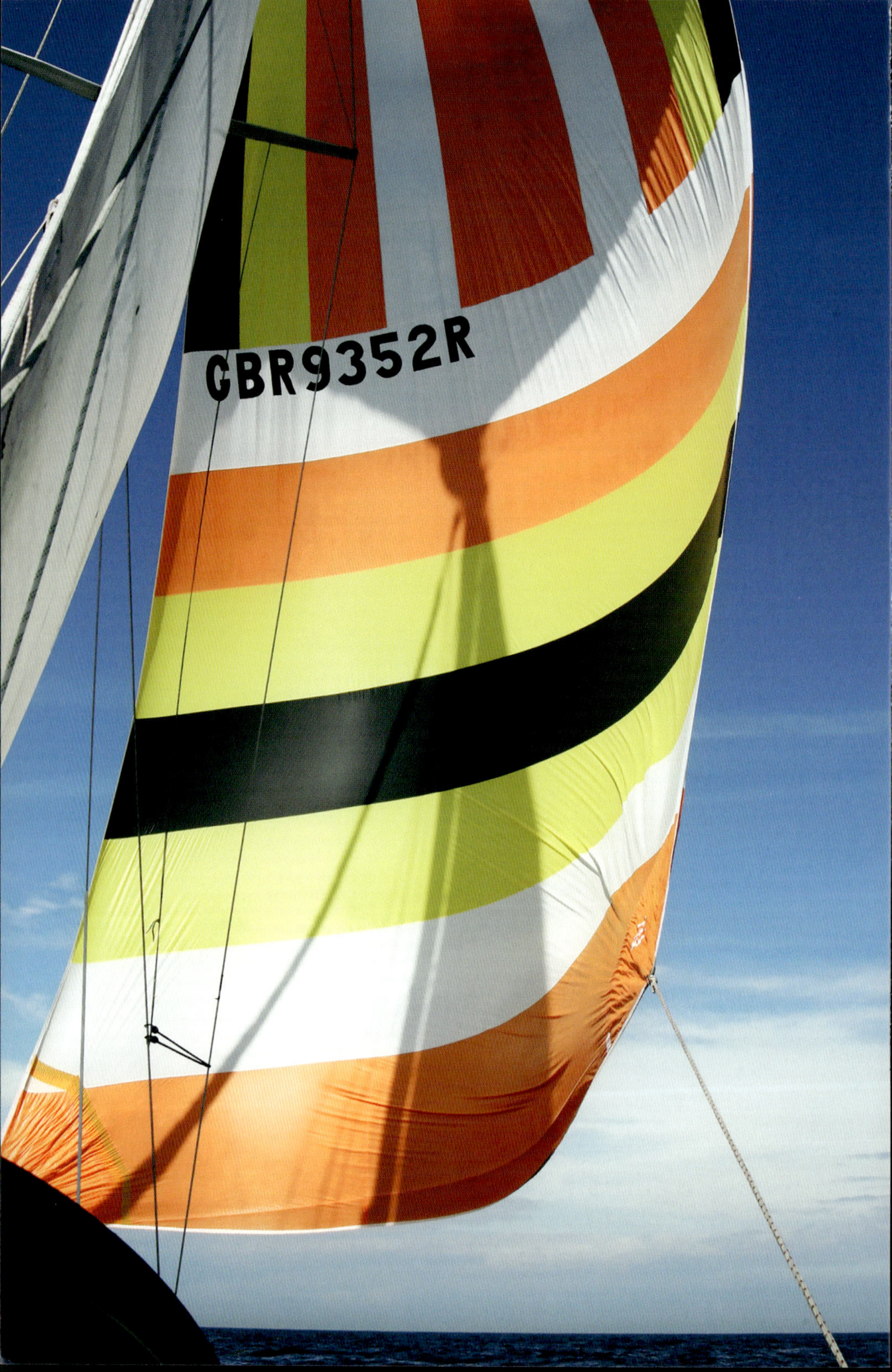
GBR9352R

DUNCAN WELLS

STRESSFREI SEGELN KOMPAKT

DIE 101 BESTEN TIPPS UND TRICKS

Delius Klasing Verlag

Der Autor dankt James Littlewood für die Durchsicht der Tipps und für seine unschätzbar wertvollen Ratschläge.

Die englische Originalausgabe mit dem Titel »101 Tips for Stress-free Sailing« erschien bei Bloomsbury Publishing Plc, London.

Bibliografische Information der Deutschen Nationalbibliothek
Die Deutsche Nationalbibliothek verzeichnet diese Publikation in der Deutschen Nationalbibliografie; detaillierte bibliografische Daten sind im Internet über http://dnb.dnb.de abrufbar.

1. Auflage
ISBN 978-3-667-12348-0
Die Rechte für die deutsche Ausgabe liegen beim Verlag Delius Klasing & Co. KG, Bielefeld

Aus dem Englischen von Egmont M. Friedl
Lektorat: Felix Wagner
Umschlaggestaltung: Felix Kempf, www.fx68.de
Coverfoto: Getty Images/Heide Benser
Innenteilfotos/Coverfotos unten/Rückseite: Sofern kein anderer Fotograf angegeben ist, wurden alle Fotos von Duncan Wells oder in seinem Namen aufgenommen.
Wetterkarte (Seite 81): © British Crown Copyright 2021
Illustrationen: Dave Saunders
Layout: Susan McIntyre
Satz: Bernd Pettke, Digitale Dienste, Bielefeld
Printed in India 2021

Delius Klasing Verlag, Siekerwall 21, D - 33602 Bielefeld
Tel.: 0521/559-0, Fax: 0521/559-115
E-Mail: info@delius-klasing.de
www.delius-klasing.de

Inhalt

Vorwort

Die Auswahl der folgenden Tipps und Tricks ist das Ergebnis meiner eigenen Erfahrungen auf Booten. Dabei sind die meisten Tipps aufgrund meiner anfänglichen Fehler entstanden, aus denen ich hoffentlich gelernt habe. Wichtig ist nur, die gleichen Fehler nicht wieder und wieder zu begehen!

Ich habe auch Techniken zum An- und Ablegen mit aufgenommen. Um einen Törn oder eine Ausfahrt genießen zu können, ist es unbedingt nötig, gekonnt und ohne Stress abzulegen und ebenso entspannt und undramatisch wieder anlegen zu können, wenn man zurückkommt. Dank meiner robusten Methoden wird genau das möglich. Diese Techniken machen den Unterschied zwischen einer glücklichen Crew samt Skipper und einem Skipper, dem die Crew davonläuft, weil er zu oft und nur aus eigener Unsicherheit Kommandos brüllt und so schlussendlich das Manöver verpatzt. Mit meinen Techniken – sei es mit einer voll involvierten Crew oder einhand – wird das An- und Ablegen zum Kinderspiel!

Ebenso habe ich Tipps zum Thema Wetter eingefügt, denn zu wissen, wie sich das Wetter entwickelt, ist nicht minder wichtig. Fragen zum Wetter stehen auch bei meinen Schülern in der Segelausbildung immer hoch im Kurs, sodass diese Hinweise bestimmt nicht umsonst sein werden.

Ich hoffe, dass diese Tipps von Nutzen sein werden und dazu beitragen können, die eigene Zeit auf dem Wasser stressfrei zu erleben.

1 Die erste Regel guter Seemannschaft

Die erste Regel guter Seemannschaft lautet:

Vermeiden Sie Situationen, die gute Seemannschaft nötig machen.

Das klingt etwas platt, doch ein Skipper muss alles im Auge behalten:

- Wind, Gezeitenstrom und Seegang
- Sichtverhältnisse
- Schiffsverkehr
- Navigatorische Gefahrenstellen
- Wassertiefe
- Wettervorhersage
- Wohlbefinden der Crew
- Motivationsgrad der Crew
- Boot
- Segeltrimm
- Navigation
- Wo das nächste Problem auftauchen könnte …

Je besser man auf all diese Punkte achtet, desto unwahrscheinlicher wird man plötzlich in eine Situation geraten, aus der man nur mit guter Seemannschaft wieder herauskommt.

■ Die zweite Regel

Setzen Sie nur so viel Segelfläche, wie die Crew in den zu erwartenden Bedingungen beherrscht sowie schnell und einfach reffen kann.

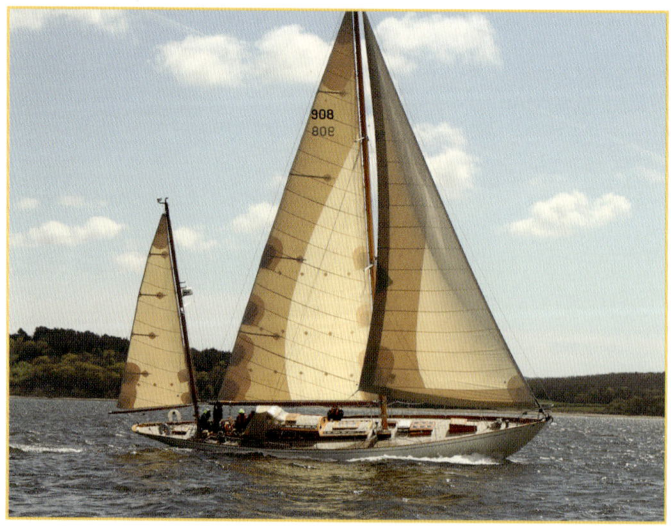

◄ *Die klassische Yawl* LUTINE *mit perfekt getrimmten Segeln.*

2 Kurs halten oder ausweichen? Kollisionsverhütung

In den Kollisionsverhütungsregeln (KVR) ist nirgends die Rede von Vorfahrt. Manch einer mag das zwar behaupten, aber es stimmt nicht.

Die KVR, genauer die Internationalen Regeln zur Verhütung von Zusammenstößen auf See, sprechen vielmehr von:

- Kurshaltepflicht
- Ausweichpflicht

Man muss also wissen, wann man ausweichpflichtig und wann man kurshaltepflichtig ist.

Allerdings muss man auch als kurshaltepflichtiges Fahrzeug ausweichen und zwar dann, wenn das ausweichpflichtige Fahrzeug nicht ausreichend manövriert, um eine Kollision zu vermeiden.

In engen Fahrwassern und in der Nähe von Schifffahrtsstraßen ist es unerlässlich, die Vorschriften und richtigen Verhaltensweisen zu kennen, z.B. die Regel 5 KVF zum Ausguck:

> *„Jedes Fahrzeug muss jederzeit durch Sehen und Hören sowie durch jedes andere verfügbare Mittel, das den gegebenen Umständen und Bedingungen entspricht, gehörigen Ausguck halten, der einen vollständigen Überblick über die Lage und die Möglichkeit der Gefahr eines Zusammenstoßes gibt."*

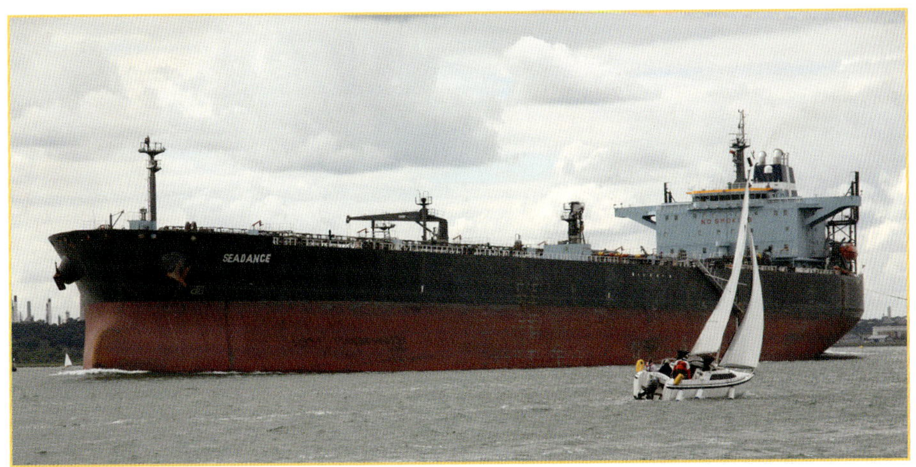

Und im Anschluss heißt es in der Regel 6 der KVR:

> *„Jedes Fahrzeug muss jederzeit mit einer sicheren Geschwindigkeit fahren, sodass es geeignete und wirksame Maßnahmen treffen kann, um einen Zusammenstoß zu vermeiden, und innerhalb einer Entfernung zum Stehen gebracht werden kann, die den gegebenen Umständen und Bedingungen entspricht."*

Bedenken Sie jedoch, dass auf Flüssen in der Nähe von Brücken und Biegungen ein stromabwärts fahrendes Boot der Kurshalter ist. Stromaufwärts fahrende Boote sind ausweichpflichtig.

Das ist auch logisch, da das stromaufwärts fahrende Boot mehr Kontrolle hat.

Abgesehen davon gelten alle weiteren Vorschriften der KVR.

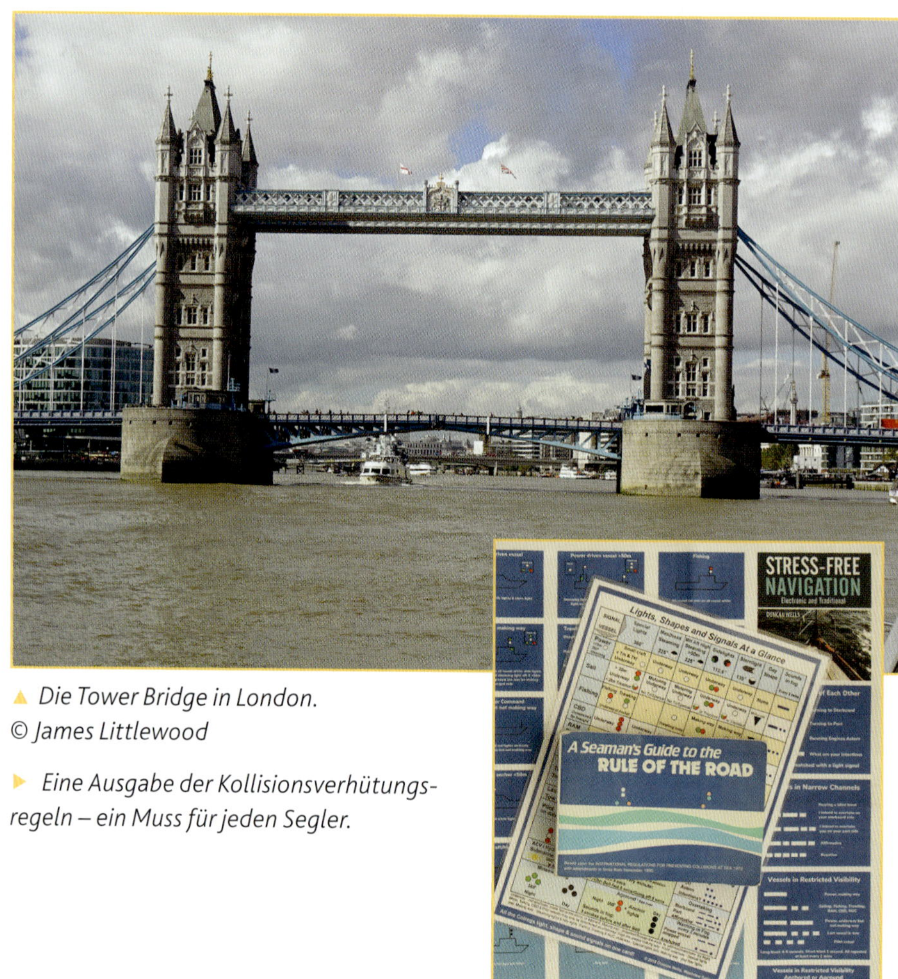

▲ *Die Tower Bridge in London.*
© James Littlewood

▶ *Eine Ausgabe der Kollisionsverhütungsregeln – ein Muss für jeden Segler.*

3 Ruder mittschiffs markieren

Zu wissen, wann das Ruder mittschiffs steht, ist extrem wichtig. Vor allem, wenn auf engem Raum manövriert werden muss.

Die Bedieneinheit des Autopiloten, aber auch andere Geräte haben oft eine integrierte Ruderlagenanzeige wie in der Abbildung rechts. Oder man hat eine eigenständige Ruderlagenanzeige.

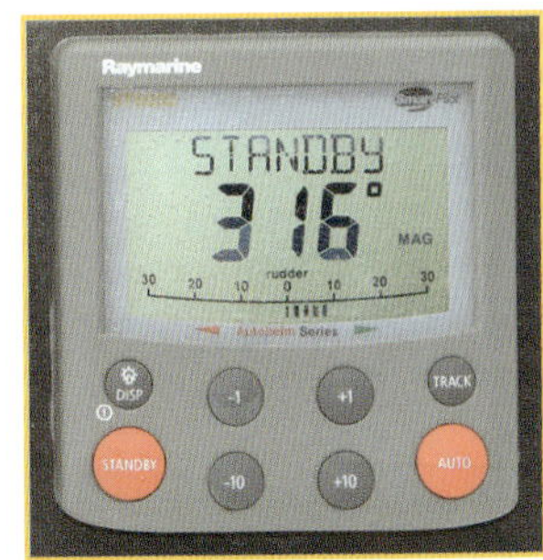

▸ *Ruder knapp 10° nach Steuerbord.*

Um die Ruderlage jedoch stets blitzschnell erkennen zu können, ist eine Markierung am Steuerrad unschlagbar.

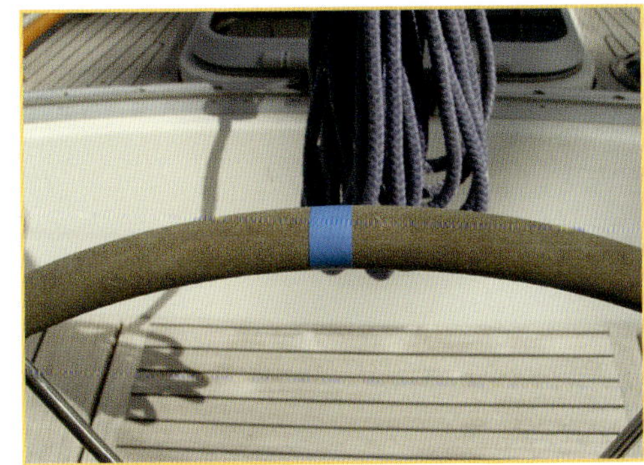

▸ *Tape.*

Seemännischer ist es, zur Markierung einen Türkischen Bund anzubringen. Anleitungen kann man im Internet finden.

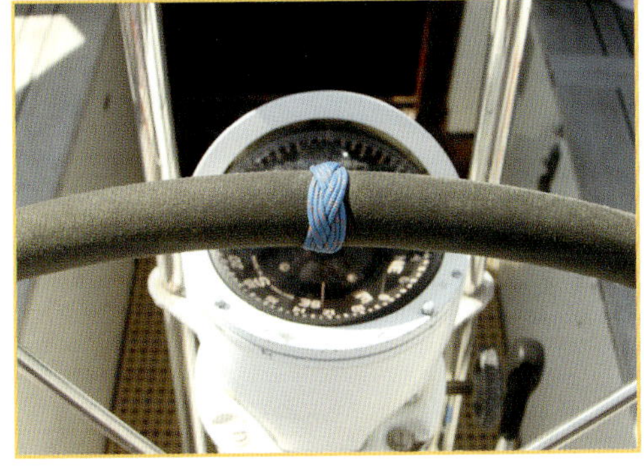

▸ *Türkenbund.*

4 Sind Sie auf Kollisionskurs?

Es ist sehr wichtig, anhand von Beobachtung eines anderen Fahrzeugs im Verhältnis zum eigenen Boot, zu festen Marken und zum Land im Hintergrund bestimmen zu können, ob man sich auf Kollisionskurs befindet oder nicht.

Eine stehende, also gleichbleibende Peilung zu einem anderen näherkommenden Fahrzeug zeigt einen Kollisionskurs an.

Diese Peilung kann man am besten mit einem Handpeilkompass vornehmen. Auch wenn sich das andere Fahrzeug vor einer weit vorausliegenden Küste kaum verschiebt, deutet das auf eine stehende Peilung hin.

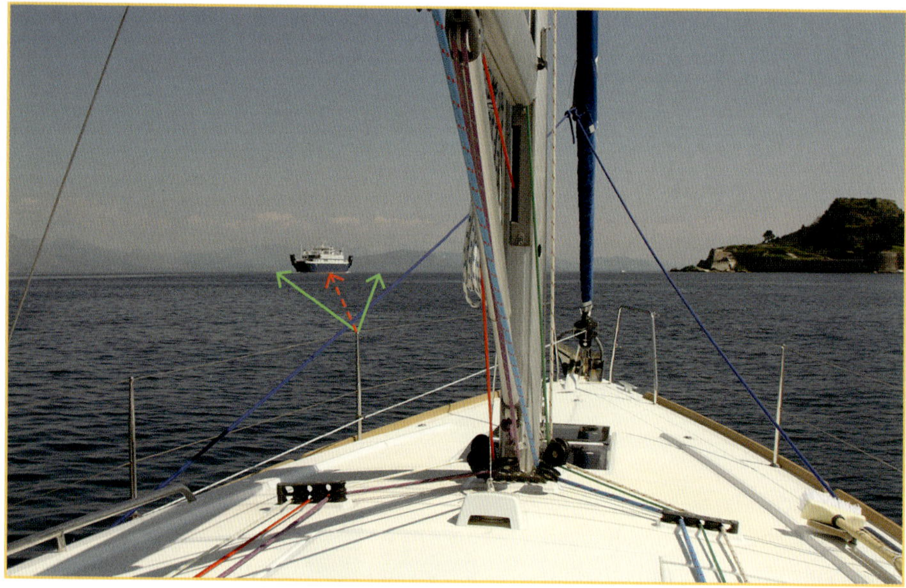

- Grün = sicher
- Rot = Kollision

AIS (Automatisches Identifikationssystem) sowie Radar sind weitere, sehr nützliche Mittel zur Kollisionsverhütung.

Achten Sie bei Landsicht auf den Hintergrund

Bewegt sich das andere Fahrzeug relativ zu einer möglichst weit voraus liegenden Küstenlinie mit deutlichem Versatz, kann daraus geschlossen werden, wer vor wem passieren wird. Ist kein oder nur geringer Versatz zur Küstenlinie zu beobachten, deutet das auf eine gefährliche Annäherung hin.

Verschlingt der Bug des anderen Bootes das Land, das dann an seinem Heck wieder auftaucht, wird das Boot vor dem eigenen Bug passieren.

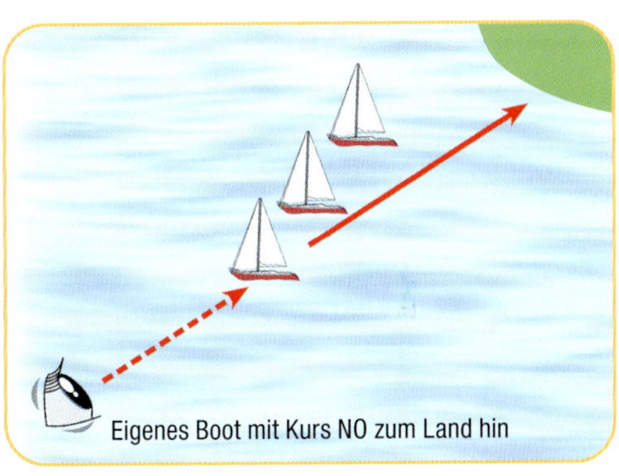

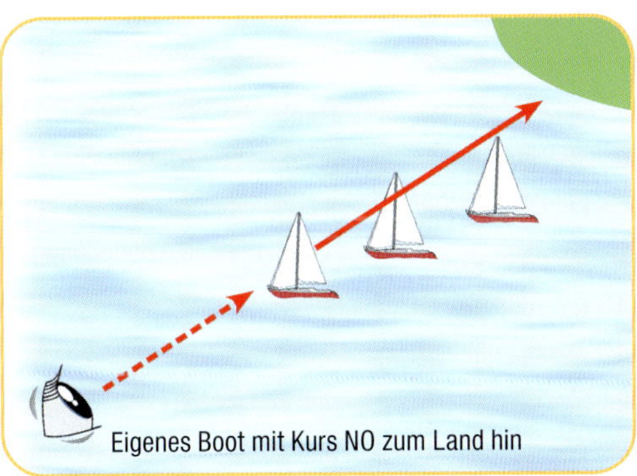

Erscheint immer mehr vom Land vor dem Bug des anderen Bootes, und sein Heck verschlingt das Land, wird man selbst vor dem Bug des anderen Bootes kreuzen.

Ist kein Versatz des anderen Bootes zum Land voraus zu beobachten, besteht Kollisionsgefahr.

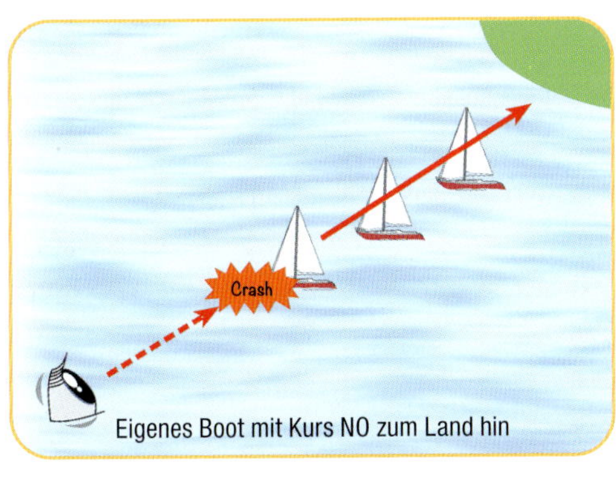

5 Geschwindigkeit mit Augenmaß bestimmen

Bestimmung der Geschwindigkeit des Gezeitenstroms, während das Boot festgemacht ist oder vor Anker liegt.

1. Werfen Sie ein kleines, zusammengeknülltes Stück Küchenrolle am Bug ins Wasser.
2. Stoppen Sie die Sekunden, die es bis zum Heck braucht.
3. Berechnen Sie die Geschwindigkeit des Gezeitenstroms mit der Formel:

   Bootslänge in Meter ÷ (Sekunden ÷ 2) = Geschwindigkeit in Knoten

Beispiel:

Bootslänge 11 Meter
Gestoppte Zeit 14 Sekunden
11 ÷ 7 = 1,57 Knoten

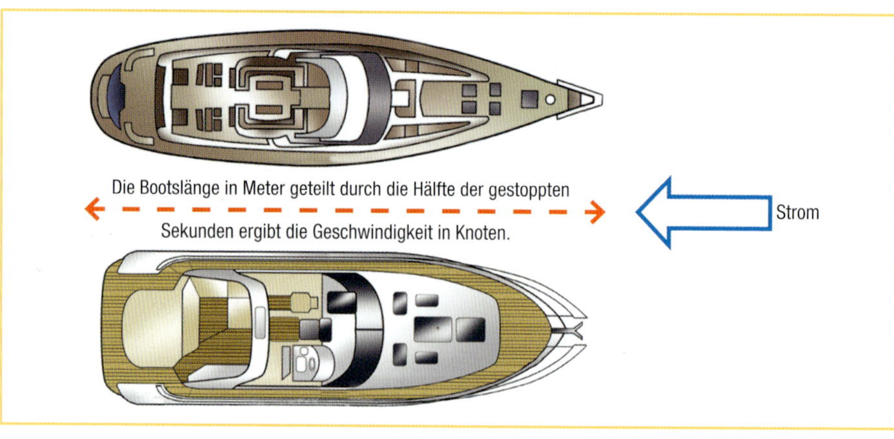

Anstelle der Küchenrolle können auch vorbeitreibende Zweige, kleine Luftblasen oder Seegras verwendet werden. Man muss nur aufpassen, dass sie nicht vom Wind, sondern vom Strom getrieben werden. (Obwohl man bei einem Boot an einer Boje oder vor Anker eigentlich auch den gemeinsamen Effekt von Strom und Wind berücksichtigen müsste.)

Küchenrolle ist gut geeignet, um die Stärke des Stroms zu bestimmen, weil sie etwas untergeht, aber gut sichtbar bleibt, sofern man sie nicht zu stark zusammengeknüllt hat.

An den langen Seegraswedeln, die an Dalben und anderen Stellen im Hafen zu sehen sind, kann man mit einem Blick die Richtung und auch grob die Stärke des Gezeitenstroms ablesen. Wenn sie hin und her schwingen, ist der Strom schwach. Sind sie langgestreckt, ist er stark.

Kleine Bugwellen an Pfählen zeigen ebenfalls Richtung und Stärke des Stroms an.

Bootsgeschwindigkeit durchs Wasser bestimmen

Sollte die Logge auf See blockieren, kann man anstelle von Küchenrolle ein Einmachglas an einer langen, leichtgewichtigen Leine verwenden, um die Geschwindigkeit festzustellen. Ich habe jede Menge 3 mm dünne Dyneemaleine von meinen Lifesaver übrig, die ich dafür verwende. Ein Crewmitglied wirft das Einmachglas am Bug ins Wasser und ruft gleichzeitig »Los!«, und ich zähle die Sekunden, bis es mich am Steuerstand erreicht.

Vom Bug bis zum Steuerstand sind es auf meinem Boot ca. 8,5 Meter. Zähle ich 5 Sekunden, bis das Einmachglas bei mir ist, so habe ich mir gemerkt, dass das eine Bootsgeschwindigkeit durchs Wasser von rund 3,5 Knoten ergibt. Bei 4 Sekunden sind es etwas mehr als 4 Knoten, bei 3 Sekunden knapp 6 Knoten.

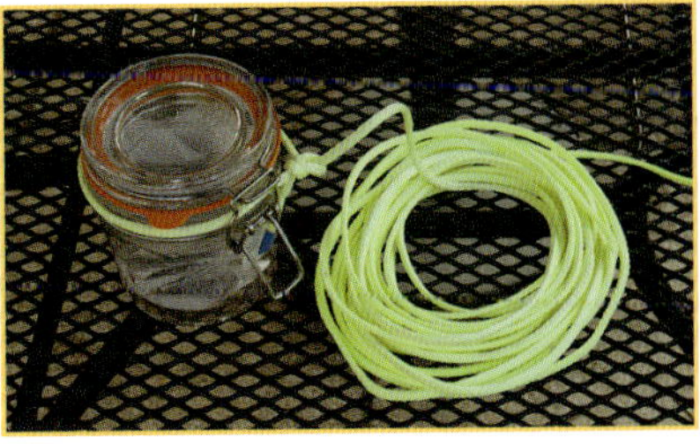

Einmachglas mit dünner Leine – der Inhalt kann sogar drinbleiben, da der Deckel luftdicht abschließt!

An der Leine kann das Einmachglas zurück an Bord geholt werden. Man muss nur darauf achten, genügend Leine mit dem Glas am Bug ins Wasser zu werfen, damit das Einmachglas ungehindert treiben kann.

Bootsgeschwindigkeit über Grund bestimmen

Sehen Sie auf das GPS.
Geht das nicht, suchen Sie sich eine Boje, ein Seezeichen oder einen Pfahl in der Nähe. Das Crewmitglied am Bug ruft »Los!«, wenn die Boje auf gleicher Höhe ist, und ich zähle die Sekunden, bis die Boje bei mir am Steuerstand auf gleicher Höhe ist. Dann verwende ich die oben beschriebene Formel.

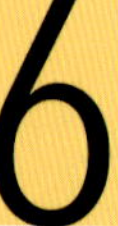

6 Rumpfgeschwindigkeit berechnen

Kennt man die Rumpfgeschwindigkeit des eigenen Bootes, hat man eine gute Zielvorgabe für die zu erreichende Bootsgeschwindigkeit bei ausreichend starkem Wind.

- 1,34 x √LWL (Länge der Wasserlinie) in Fuß = Rumpfgeschwindigkeit in Knoten
- 2,45 x √LWL (Länge der Wasserlinie) in Meter = Rumpfgeschwindigkeit in Knoten

Meine Hallberg-Rassy 352:

LWL 28 Fuß: √28 = 5,29
1,34 x 5,29 = 7,1 Knoten

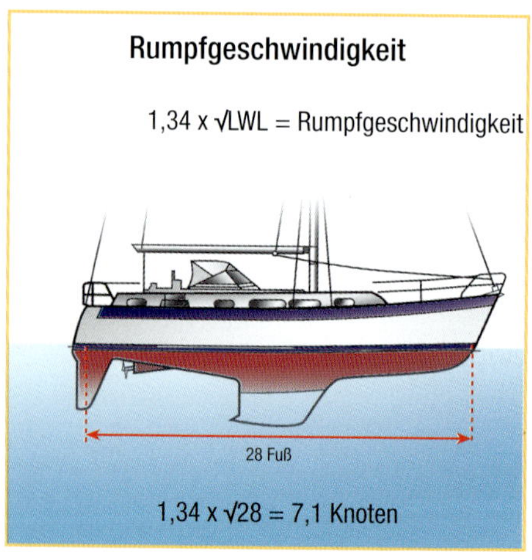

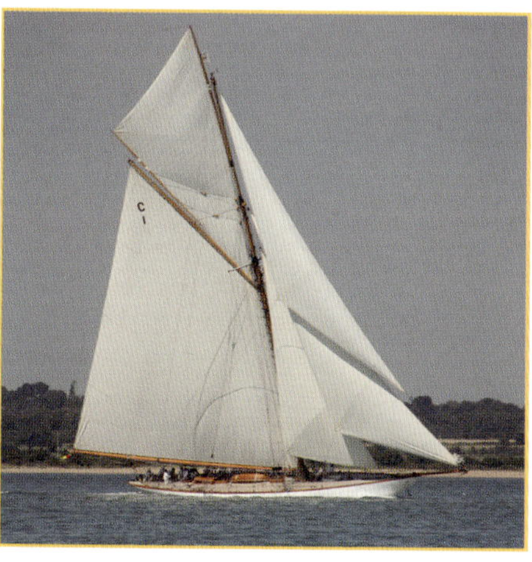

▲ *MARIQUITA, eine Fife-Konstruktion.*

Interessant zu wissen

Anfang des 20. Jahrhunderts basierte die Vermessung der America's Cup-Yachten stark auf der Länge der Wasserlinie, sodass die Konstrukteure lange Überhänge schufen, um die LWL bei aufrechter Schwimmlage kurz zu halten. Bei Krängung verlängerte sich die tatsächliche Wasserlinie beträchtlich, sodass die Boote eine höhere Rumpfgeschwindigkeit erreichen konnten. Durch die größere Länge über alles (LOA) konnte ein größerer Segelplan verwirklicht werden.

- LWL 83 Fuß, LOA 125 Fuß, Überhänge 42 Fuß
- Rumpfgeschwindigkeit aufrecht: 12,2 Knoten
- Rumpfgeschwindigkeit bei Krängung (LWL ungefähr plus 20 Fuß) : 13,6 Knoten

7 Windrichtung

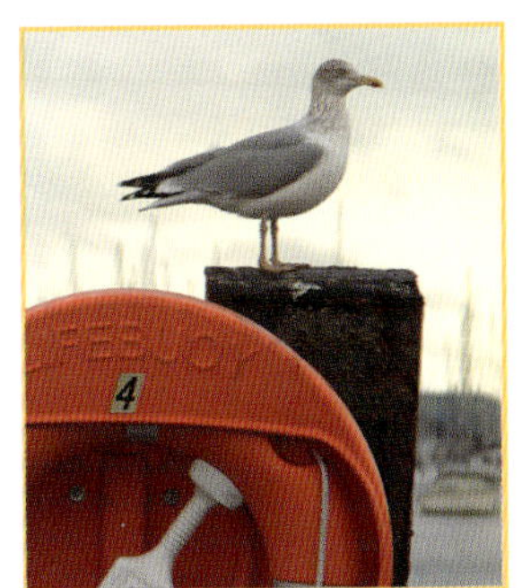

Die wahre Windrichtung lässt sich an Booten, die an einer Boje oder vor Anker liegen, ablesen.

Achten Sie auf deren Windex, Flaggen oder Wimpel. Sind keine Boote zu sehen, fragen Sie eine Möwe. Nicht im wörtlichen Sinn, sondern durch Beobachtung. Möwen drehen sich immer mit dem Kopf zum Wind. Egal wo eine Möwe sitzt: Sie richtet sich immer gegen den Wind aus. Wie alle anderen Vögel landen auch Möwen gegen den Wind und fliegen auch gegen den Wind los.

8 Wird das Wetter besser oder schlechter?

Mit der Querwindregel kann man erkennen, ob sich das Wetter bessern oder verschlechtern wird.

- **Auf der Nordhalbkugel**
  Stellen Sie sich mit dem Rücken zum Bodenwind:
  - Ziehen der Höhenwind oder die Wolken von links nach rechts, wird sich das Wetter verschlechtern.
    – Sie befinden sich vor der Warmfront eines Tiefs.
  - Ziehen der Höhenwind oder die Wolken von rechts nach links, wird sich das Wetter bessern.
    – Sie befinden sich hinter der Kaltfront eines Tiefs.

- **Auf der Südhalbkugel ist es umgekehrt.**

Bedenken Sie, dass geringer Luftdruck das Ergebnis aufsteigender Warmluft ist. Steigt warme Luft auf, kühlt sie ab, und ihre Feuchtigkeit kondensiert bei Erreichen des Taupunkts in Form von Wolken. Kühlt die Luft noch stärker ab, fällt Regen.

9 Checkliste vor dem Ablegen

Planung	
Wetter	Wettervorhersage einholen, z. B. windy.com oder predictwind.com.
Törnplan	schriftlich, inklusive Ansteuerungen
Diesel	ausreichend für geplanten Törn
Wasser	ausreichend für geplanten Törn
Verpflegung	ausreichend für geplanten Törn

Einweisung der Crew	
DSC/VHF Mayday	Ablauf: »Mayday« (3x), identifizieren, wiederholen (1x), Position, Art des Notfalls, Personenzahl, weitere Informationen, »Over«. Oder bei DSC-Geräten einfach den roten Knopf drücken.
Seenotsignalmittel	Handhabung erklären
Rettungswesten/Lifelines	passend für jedes Crewmitglied
Rettungsringe und -ausrüstung	lokalisieren und Handhabung erklären
Wurfleine	lokalisieren und Handhabung erklären
MOB-Manöver	festgelegte Methode erklären, wie zum MOB zurückgekehrt wird, sowohl für Amwind- als auch für Vorwindkurse, und festgelegte Bergungsmethode erklären
Rettungsinsel	Einsatz und Verhaltensweise erklären
Gasflaschen	lokalisieren, Absperrhähne und -schalter erklären
Feueralarm	Feuerlöscher lokalisieren, Handhabung erklären
Erste-Hilfe-Ausrüstung	lokalisieren
Motorstart	erklären

Boot	
Motor	Prüfung von Wasser, Öl, Batterien, Keilriemen, Auspuff, Undichtheiten
Wanten und Stage	Splinte prüfen, gegebenenfalls sichern
Fallen/Sicherungsleinen	auf Abrieb und gebrochene Blöcke achten

Vorbereiten zum Ablegen	
Segelpersenning	abnehmen
Fallen	anschlagen
Fallenstopper	der Reffleinen zum Setzen des Großsegels öffnen
Segelsetzen vorbereiten	Schoten am Vorsegel anschlagen, durch Blöcke zur Winsch führen, Stoppknoten am Ende machen (außer bei Spinnaker- und Gennakerschoten). Alle Leinen, die frei laufen müssen, sorgsam vorbereiten, z. B. Reffleine für Rollreffanlage
Anker	sofort einsatzklar, aber noch am Bug gesichert, z. B. durch Sicherungsbolzen, der schnell entfernt werden kann.
Abfall	vor dem Ablegen an Land entsorgen
Landstromkabel	erst landseitig ausstecken, dann an Bord stauen

Ablegen

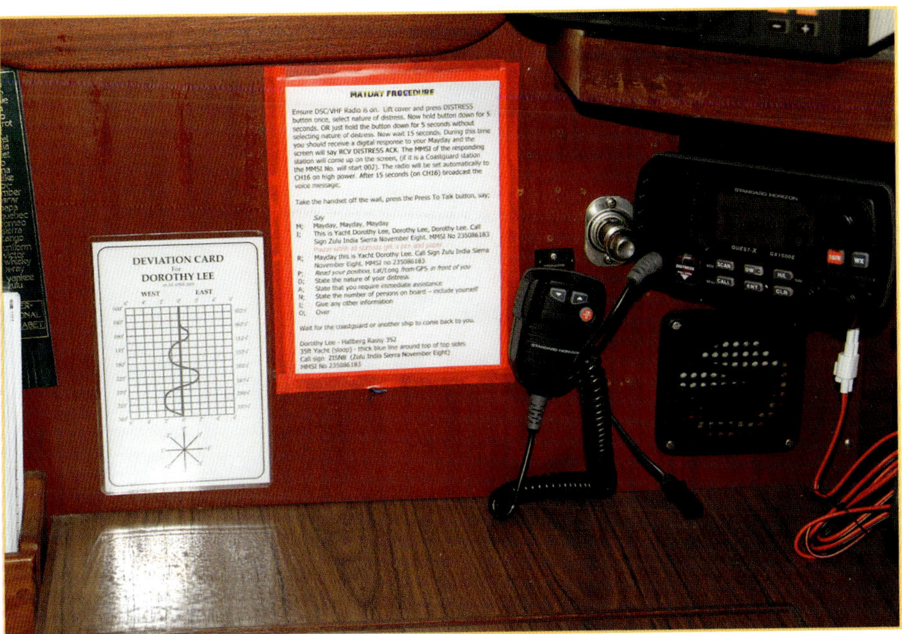

Vornotierter Ablauf für einen Mayday-Ruf.

10 Checkliste für Charteryachten

Eine Dose Silikonspray und ein Multifunktionswerkzeug mitzunehmen, ist schön und gut – und auch nötig –, aber diese Liste zeigt, was an Bord überprüft werden sollte.

Ankergeschirr	
Anker	am Boot festgelascht oder mit Bolzen gesichert; Vorrichtung, damit die Kette nicht von der Bugrolle springen kann; Markierungen an der Kette; Ende der Kette oder Trosse an Bord festgelascht
Ankerwinsch	Fernbedienung oder Schalter an Deck prüfen; Handhebel zum Lösen der Bremse lokalisieren: Lässt sich die Kette abnehmen, um sie von Hand schnell auszubringen?
Ankerball	Signalmittel, tagsüber zu setzen
Warpanker	lokalisieren, Länge der Ankerleine

Rigg	
Vorsegel	Rollreffanlage auf Leichtgängigkeit prüfen, Reffleine darf Trommel nicht blockieren; Fall durchgesetzt; Toppwirbel darf das Fall nicht mitdrehen
Wanten und Stage	Splinte prüfen, Spannung prüfen
Mast	Gleichförmiger Masttrimm; Windex senkrecht; Reffsystem; Winschen am Mast oder Fallen ins Cockpit umgelenkt; Fallenstopper beschriftet und funktionstüchtig; Bootsmannstuhl oder Vorrichtung, um in den Mast zu steigen, prüfen
Holepunkte	Genuaschiene und Traveller manuell oder mit Leinenverstellung?
Großsegel	Bei einem Rollgroß Funktion und korrekte Handhabung prüfen, um ein Blockieren zu vermeiden
Signalkegel	Signalmittel, das tagsüber beim Motorsegeln gesetzt wird
Winschkurbeln	lokalisieren

Navigation	
Navigationslichter	Seitenlichter Steuerbord und Backbord, Hecklicht, Dreifarbentopplicht, Dampferlicht und Ankerlicht auf Funktion prüfen
Instrumente	alle Anzeigen prüfen; Echolot auf absolute Tiefe oder Tiefe unter dem Kiel eingestellt?
Seekarten	alle relevanten Karten, Almanach, Hafenhandbücher und Kartenbesteck vorhanden?
Kompass	Steuerkompass, Deviation, Handpeilkompass, Fernglas, GPS prüfen
Handbücher und Anweisungen	Anweisungen für Mayday-Ruf und MOB-Bergung sowie technische Handbücher für alle Navigationsinstrumente, den Motor, die Ankerwinsch, das Beiboot, den Außenborder und elektrische Winschen sollten an Bord sein

Galley/Nasszelle	
Gasflaschen	in eigenem selbstlenzenden Stauraum, mit Absperrhahn und Magnetventil
Gasschalter	Bedienung Magnetschalter prüfen
Kühlschrank	Bedienung Ein-/Ausschaltung prüfen
Toilette	Bedienung inklusive Fäkalientank prüfen

Sicherheit	
Sicherheitsausrüstung	Rettungswesten (mit Beingurt und D-Ring für Bergung), Lifelines, Rettungsring mit Licht, Markierungsboje, Wurfleine, MOB-Bergeausrüstung, Rettungsinsel – alles gewartet?
Notsignalmittel	lokalisieren und Ablaufdatum prüfen
Feuer	Feuerlöscher lokalisieren, Wartungsdatum und Feuerlöschsystem für Motorraum prüfen
Erste Hilfe	Erste-Hilfe-Kasten lokalisieren
Allgemein	In allen Kabinen sollte eine Taschenlampe vorhanden sein
Boot	An jedem Seeventil sollte ein Notstopfen sein
Bilgepumpe	Automatikfunktion prüfen, manuelle Pumpe und Pumpenstock lokalisieren
Mayday-Ablauf	Funkgerät, Epirb, Notsignalmittel, Signalhorn, Signalspiegel, Rufzeichen, MOB-Manöverablauf

Funkgerät	DSC-Funktion, landestypische Sendekanäle, Kanäle für Wettervorhersagen, DSC-Automatikalarm und Ablauf bei Sprechfunk sowie Mayday-Ruf

MOB	
MOB-Manöver-Ablauf	Rückkehr zum MOB für Amwind- und Vorwindkurse.
MOB-Bergung	Bergesystem, um MOB an Bord zu holen, z. B. MOB-Lifesavers in der Rettungsweste und eine sechsfach geschorene Talje (am besten mit Ratschenblock), die am Spifall vorgeheißt werden kann

Elektrik	
Batterie	Batterien und Batteriehauptschalter lokalisieren
Sicherungen	Sicherungen, auch Reserve-Schmelzsicherungen, lokalisieren
Glühbirnen/Leuchtmittel	Reserve-Leuchtmittel lokalisieren
Schalttafel	prüfen

Verschiedenes	
Pütz (Eimer)	lokalisieren
Trichter	lokalisieren
Wasserkanister	lokalisieren
Kraftstoffkanister	lokalisieren
Leinen / Festmacher	lokalisieren

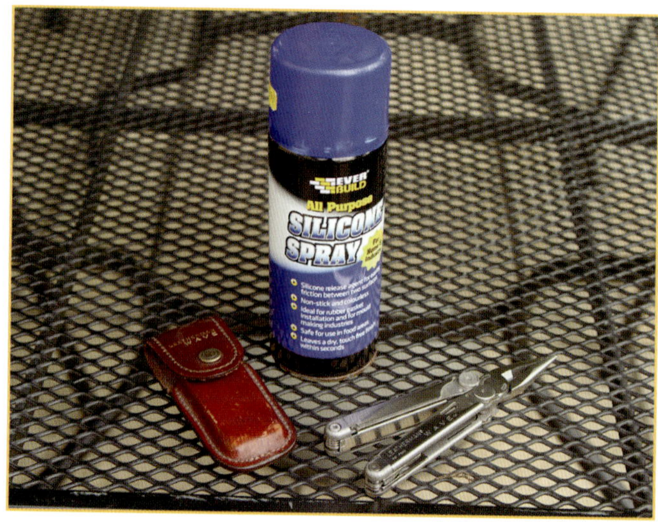

▸ *Silikonspray und Multifunktionswerkzeug sind sehr nützlich!*

11 Hochwasserzeit an der Mondphase erkennen

Mit einem Blick zum Mond auf die Tide schließen zu können, ist sehr praktisch.

Hat der Halbmond auf der Nordhalbkugel die Form eines »D«, ist der Mond zunehmend. Er entwickelt sich von einem Neumond mit Springtide zu einem Vollmond mit Springtide. Bei Halbmond herrscht Nipptide. Hat der Halbmond die Form eines »C«, ist der Mond von Vollmond auf Neumond abnehmend. Auf der Südhalbkugel ist es genau umgekehrt.

Fast überall auf der Welt tritt Springhochwasser immer zur gleichen Zeit auf, plus/minus eine Stunde. Nipphochwasser tritt ungefähr sechs Stunden versetzt auf, ebenfalls plus/minus eine Stunde.

In Plymouth, England, ist immer gegen 07:00 Uhr und 19:00 Uhr Springhochwasser und gegen 01:00 Uhr und 13:00 Uhr Nipphochwasser. In Sydney, Australien, ist Springhochwasser gegen 09:15 Uhr und 21:15 Uhr und Nipphochwasser gegen 03:15 Uhr und 15:15 Uhr. In der Chesapeake Bay, USA, ist Springhochwasser gegen 07:30 Uhr und 19:30 Uhr und Nipphochwasser gegen 13:30 Uhr und 01:30 Uhr.

Sehe ich von zu Hause einen vollen Mond am Himmel, weiß ich, wann Hochwasser an meinem Liegeplatz ist. Springhochwasser in Southampton ist um 12:00 Uhr und 00:00 Uhr. Genauso kenne ich die Zeit des Hochwassers, wenn Halbmond und damit Nipptide ist – 06:00 Uhr und 18:00 Uhr. Alles dazwischen kann im Kopf interpoliert werden. Zusätzlich überprüfe ich den Tidenstand im Almanach. Durch einen Blick zum Himmel kann man auch auf den Luftdruck schließen. Ein klarer Himmel deutet auf höheren Luftdruck und somit auf nördlicheren Wind hin. Ist der Himmel bei Tiefdruck bedeckt, ist mit südlicheren Winden zu rechnen. So verfüge ich bereits über viele Informationen, noch bevor ich das Haus verlasse.

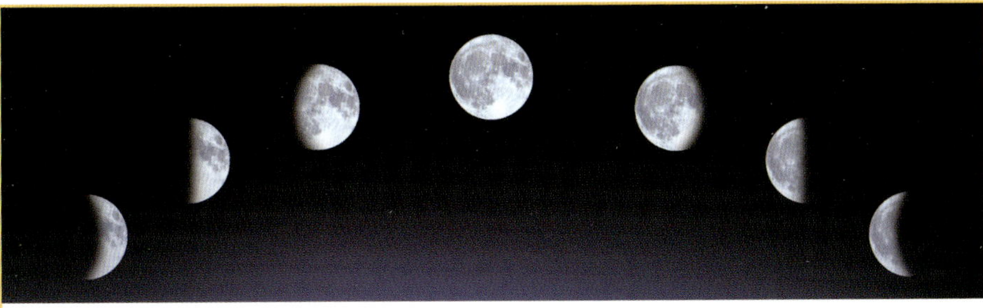

zunehmender Sichelmond zunehmender Dreiviertelmond abnehmender Dreiviertelmond abnehmender Sichelmond

12 Eine Klampe teilen

Den eigenen Festmacher über den eines anderen Bootes an der Klampe zu legen, ist einfach schlechtes Benehmen.

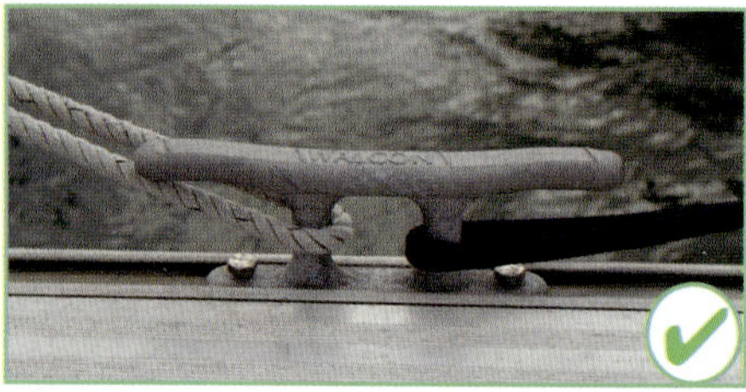

▲ *So teilt man sich eine Klampe.*

▲ *So teilt man sich eine Klampe nicht.*

Zum Thema Klampen …

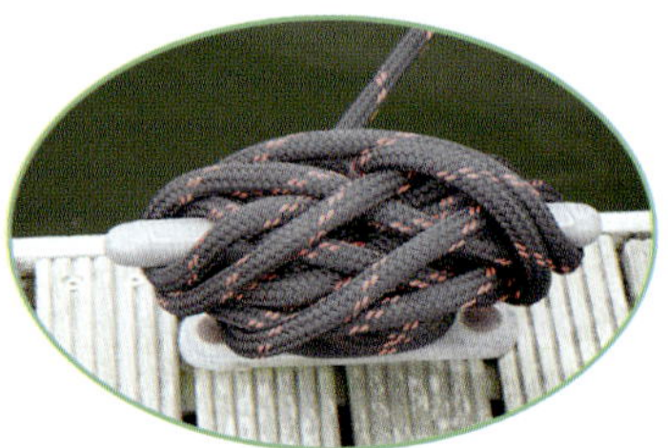

◄ *Warum nur? Eine einfache OXO-Belegung hätte genügt!*

An einer bereits genutzten Klampe sollte man eine Palstekschlaufe binden, die man unter den anderen Festmachern durchführt und dann über die Klampe legt. So können die anderen Leinen leichter abgenommen werden.

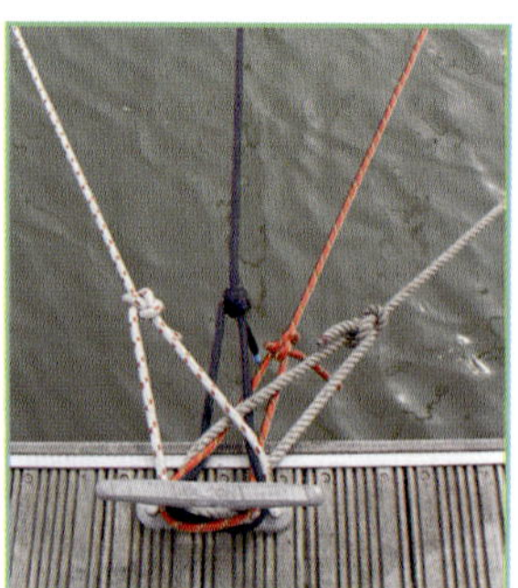

▲ *Eine Klampe teilen.*

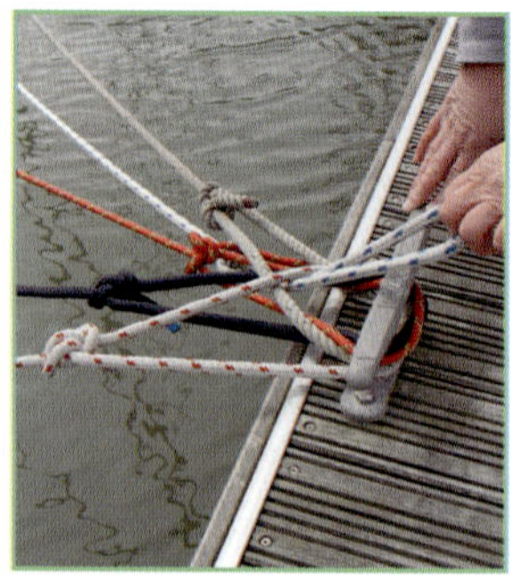

▲ *Der eigene Festmacher wird unter den anderen durchgeführt und …*

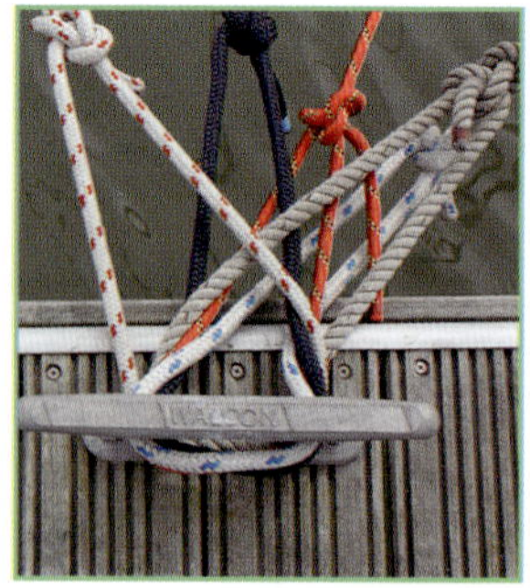

▲ *… zum leichteren Lösen der anderen Leinen über die Klampe gelegt.*

13 Handzeichen

Selbst auf kleineren Booten ist ein Crewmitglied am Bug ein gutes Stück entfernt vom Rudergänger.

Beim Ablegen sollte deshalb das Crewmitglied am Bug das gelöste Leinenende gut sichtbar hochhalten.

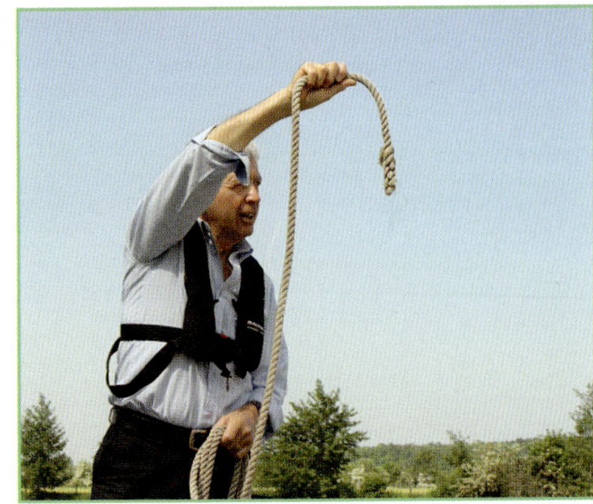

▶ *Roy zeigt dem Skipper, dass die Bugleine frei ist.*

Legen Sie Handzeichen zum Anlegen fest. Eine gehobene Hand zeigt jedem an, dass die Leine festgemacht ist.

Mit gekreuzten Armen zeigt man einem Schleusenwärter oder Brückenwart, dass man keine Durchfahrt wünscht.

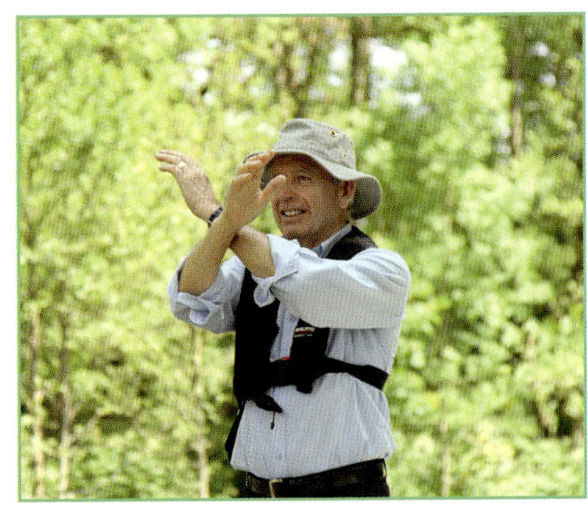

▶ *Roy mit gekreuzten Armen.*

14 Festmacher, die das Bordleben einfacher machen

Ich war auf Booten, wo die Festmacher so lang waren, dass ich sie kaum aufschießen geschweige denn tragen konnte.

Besonders auf Motorbooten sind die Festmacher oft so überdimensioniert, als wolle man die QUEEN MARY 2 festmachen.

Es gibt Tabellen, denen man die geeigneten Durchmesser für Festmacher abhängig von Länge und Gewicht eines Bootes entnehmen kann.

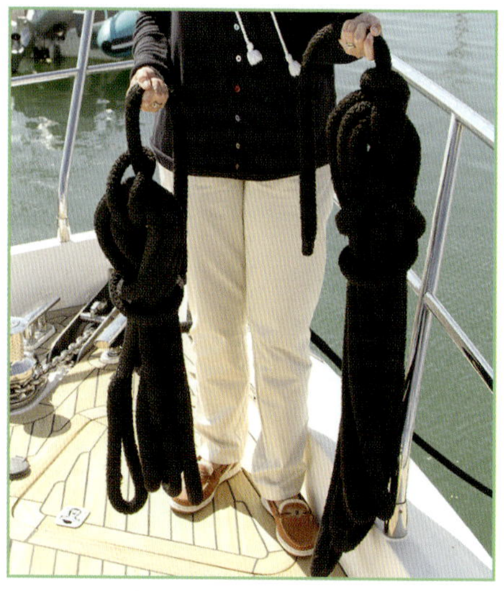

▲ *Diese schwarzen Polyesterleinen sind sehr schwer, schlecht aufzuschießen und zu handhaben.*

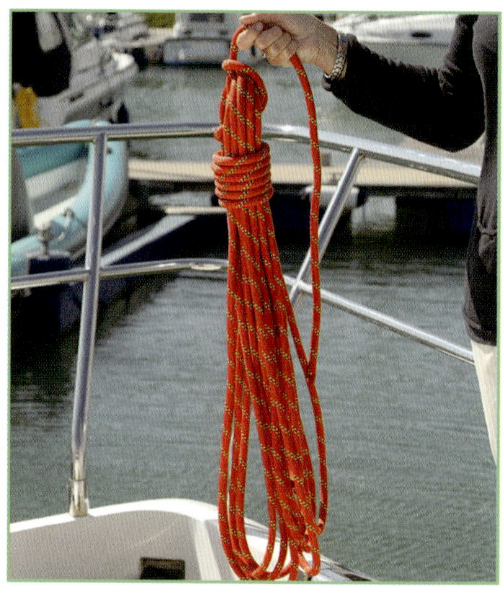

▲ *Diese Leine wiegt viel weniger und ist leichter zu handhaben. Sie hat einen Kern aus Dyneema und einen Mantel aus Polyester. Die Bruchlast ist wesentlich höher als bei der schwarzen Leine.*

Bei größeren Yachten sollten Sie die Festmacher in vier separate Leinen, nämlich Bug- und Heckleine sowie Vor- und Achterspring, aufteilen, anstatt mit nur zwei unhandlich langen Leinen zu arbeiten – eine als Bugleine und weitergeführt als Achterspring und die andere als Heckleine, die als Vorspring weitergeführt wird.

Man kann beim Anlegemanöver zunächst leichteres Tauwerk verwenden und dieses gegen stärkere Leinen auswechseln, wenn das Boot sicher vertäut ist.

▸ Diese 60-Fuß-Yacht ist mit dünnen, reckarmen Dyneemaleinen festgemacht. Der Skipper wird sie gegen starke Festmacher aus Polyester auswechseln, aber zumindest ist das Boot bereits sicher vertäut.

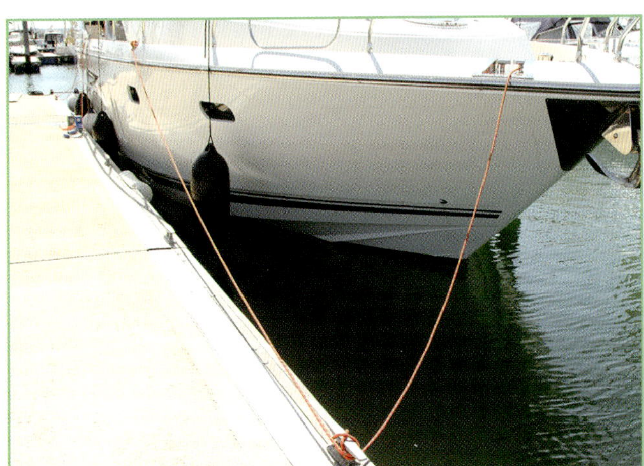

15 Fender stauen

Mit einer Gummileine lassen sich Fender praktisch an der Reling stauen.

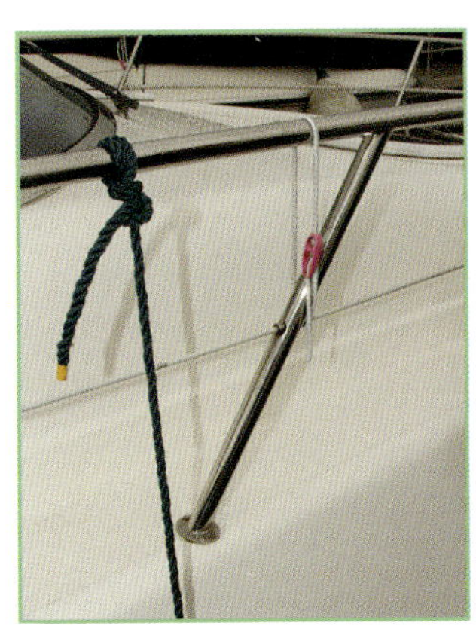

◂ Eine Gummileine wird neben einer Relingsstütze um den oberen und unteren Relingsdurchzug gebunden.

▸ Auf See wird der Fender von der Gummileine an der Reling gehalten.

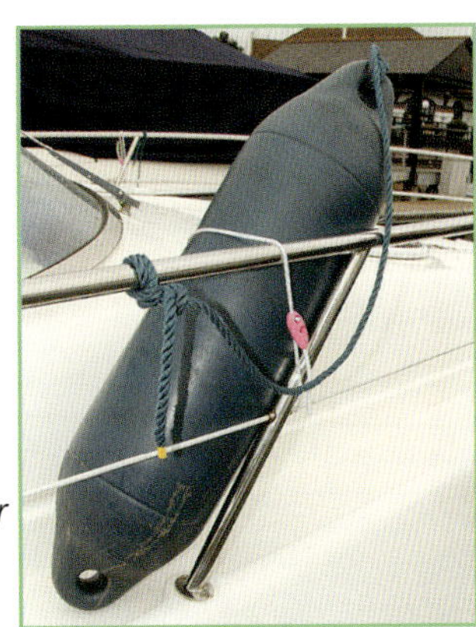

16 Zwei oder vier Leinen beim Festmachen?

Benutzt man zum Festmachen nur zwei Leinen, müssen sie ziemlich lang sein.

Man beginnt wahrscheinlich am Bug mit einer Leine zur Klampe am Steg, macht dort eine halbe OXO-Belegung und führt die Leine als Achterspring weiter zu einer Mittschiffsklampe an Bord. Genauso am Heck: Die weitergeführte Leine dient als Vorspring wie bei Boot A in der Abbildung.

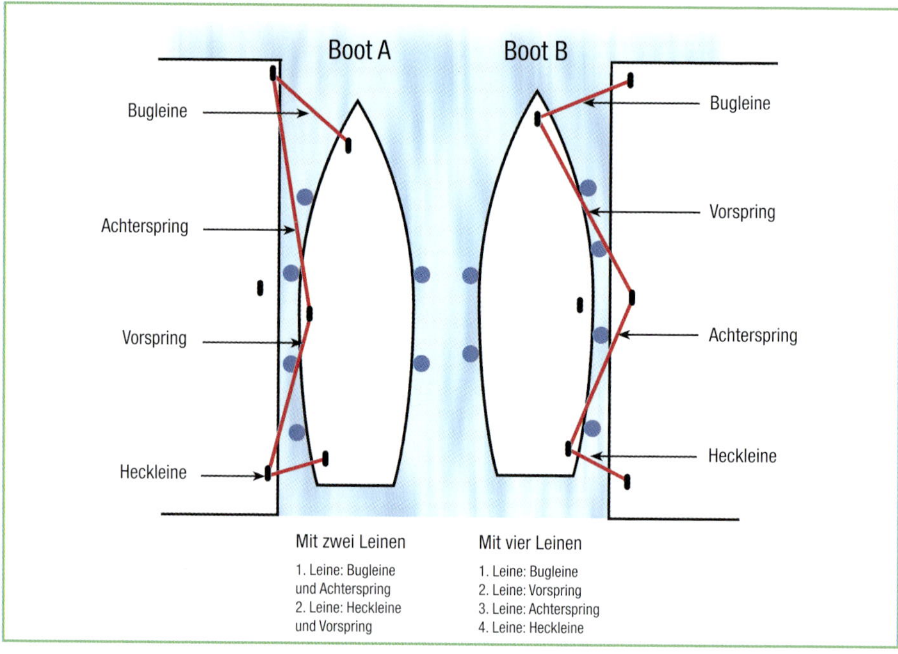

Das ist in Ordnung, aber in dieser Konfiguration übernimmt die weitergeführte Spring nur eine von zwei möglichen Aufgaben. Sie verhindert die Vor- und Zurückbewegung des Bootes, kann aber den Bug bzw. das Heck nicht am Steg halten.

Man könnte einwenden, dass das keine Rolle spiele, da der Bug und das Heck von der Bug- bzw. Heckleine am Steg gehalten werden. Es kann jedoch vorkommen, dass die Bug- oder Heckleine unklar kommt und nachjustiert werden muss. In einem solchen Fall muss die weitergeführte Spring ganz abgenommen werden.

Besser ist es, mit vier einzelnen Leinen festzumachen. Diese müssen nicht so lang sein und sind daher nicht nur leichter zu handhaben, sondern können auch unabhängig voneinander nachjustiert werden. Bug- und Heckleine führen vom Boot zum Land, und die Vorspring führt vom Bug zu einer mittleren Klampe am Steg, während die Achterspring vom Heck zu einer mittleren Klampe am Steg führt, wie bei Boot B dargestellt.

Um das zu überprüfen, machen Sie mit zwei Leinen fest. Wenn Sie feststellen, dass das Heck zu leicht vom Steg weggedrückt werden kann, wechseln Sie zu vier Leinen, wobei die Spring jeweils von Bug und Heck zu einer mittleren Klampe am Steg geführt wird.

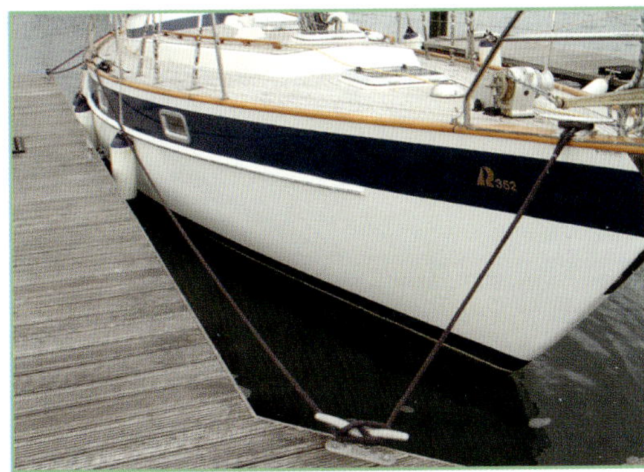

▶ *Zwei Leinen.*

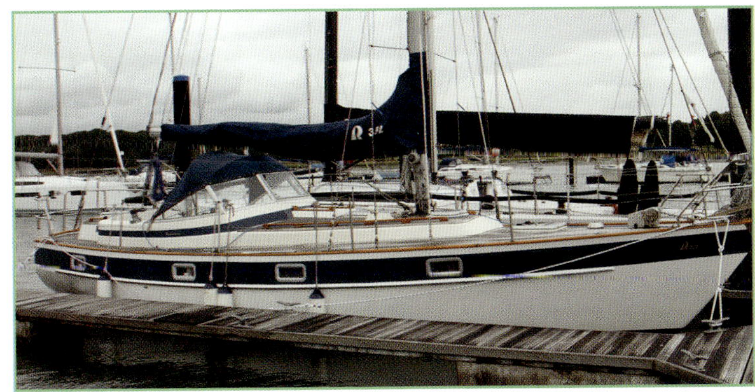

◀ *Vier Leinen.*

- An meinem eigenen Liegeplatz habe ich passende Festmacher mit Palstekschlaufen. In anderen Häfen verwende ich eine Palstekschlaufe an Land und belege an Bord, um leicht nachjustieren zu können.

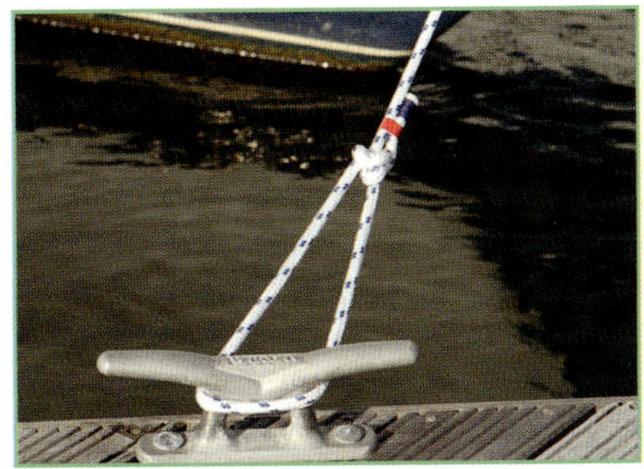

▶ *Palstekschlaufe an einer Klampe. Ein Stück Klebeband sichert den Knoten.*

17 Polypropylen-Leinen beim Anlegen längsseits

Jetzt halten Sie mich für verrückt!

Schließlich hat Polypropylen-Tauwerk allgemein keinen guten Ruf. Als dreischäftig geschlagene Leine wird es durch UV-Strahlung schnell spröde und unhandlich. Doch im Gegensatz zu Polyester und Polyamid ist Polypropylen schwimmfähig!

Dann habe ich entdeckt, dass es auch geflochtene Leinen aus Polypropylen gibt. Diese sind zwar nicht sehr abriebfest, sehen aber gut aus, fühlen sich auch gut an, und sie schwimmen im Wasser. Auch als Wurfleine sind sie geeignet, wenngleich sie etwas leicht sind.

Bis man das An- und Ablegen gemeistert hat, könnte man geflochtene PP-Leinen verwenden, zumindest beim Anlegen längsseits. Falls dann jemand einen Festmacher ins Wasser fallen lässt, kann dieser wenigstens nicht gleich in den Propeller geraten und den Motor abwürgen. Vielmehr schwimmt er auf, und die Crew bekommt eine zweite Chance, das Manöver zu beenden.

Sobald das Boot vertäut ist, können die PP-Leinen gegen geflochtene Festmacher aus Polyester getauscht werden. Die PP-Leinen staut man am besten in der dunklen Backskiste, um sie vor UV-Strahlung zu schützen.

Tauwerk aus Polypropylen wird auf Flüssen und Kanälen eingesetzt, weil es nicht untergeht. Aus dem gleichen Grund findet es breite Verwendung im Wassersport und bei Sicherheitsleinen.

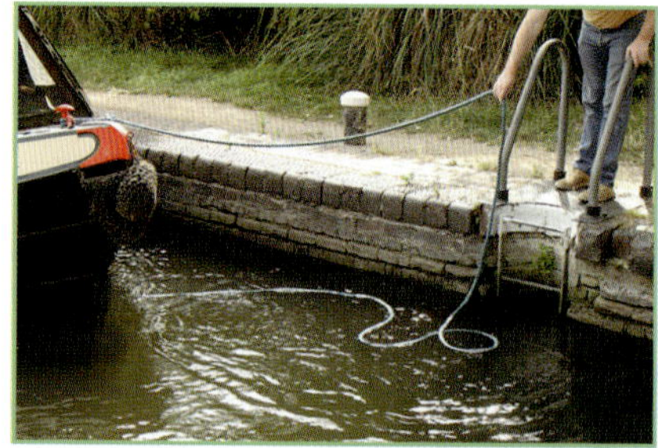

▲ *Polypropylen-Leine beim Festmachen in einer Schleuse.*

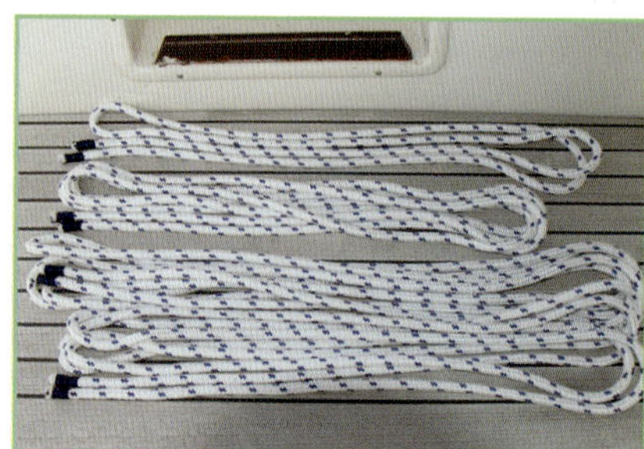

▲ *Passend abgelängte Festmacher mit Taklingen an den Enden.*

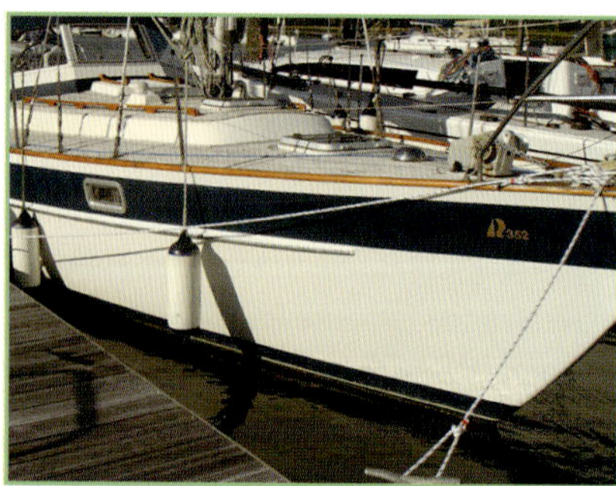

▲ *Festmacher aus Polypropylen im Test.*

Ein weiteres Anwendungsbeispiel für Polypropylen-Leinen ist, ein Leinenende zu einem anderen Boot oder einem Objekt treiben zu lassen. Statt eine Leine aus Polyester an einen Fender zu knoten, kann man eine PP-Leine einfach so an der Wasseroberfläche treiben lassen.

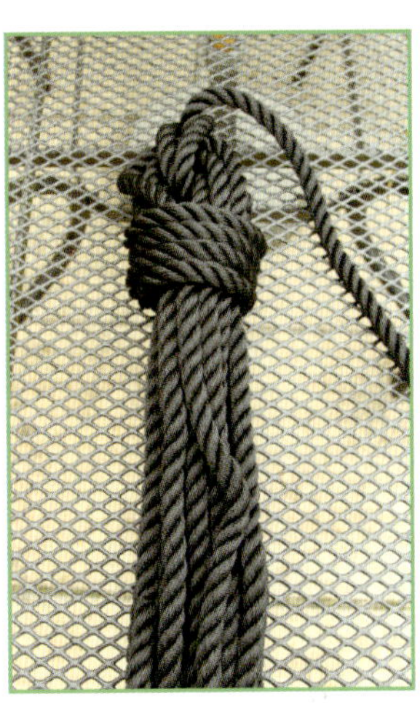

▶ *Das ist ein dreischäftig geschlagener Festmacher aus Polypropylen. Er liegt angenehm in der Hand, ist ziemlich abriebfest und geht im Wasser nicht unter.*

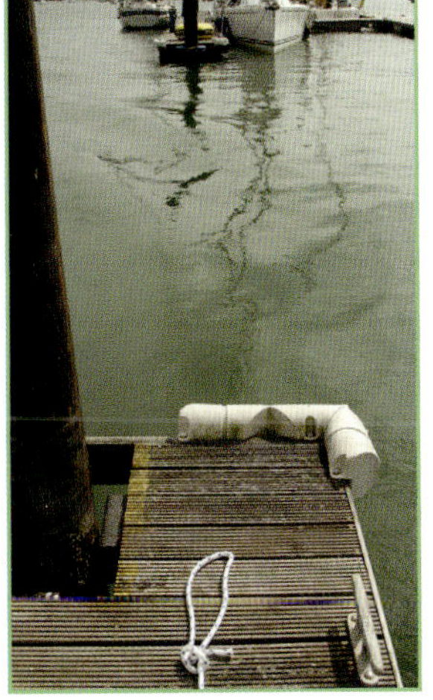

▲ *Ein Leinenende soll zum anderen Steg treiben gelassen werden.*

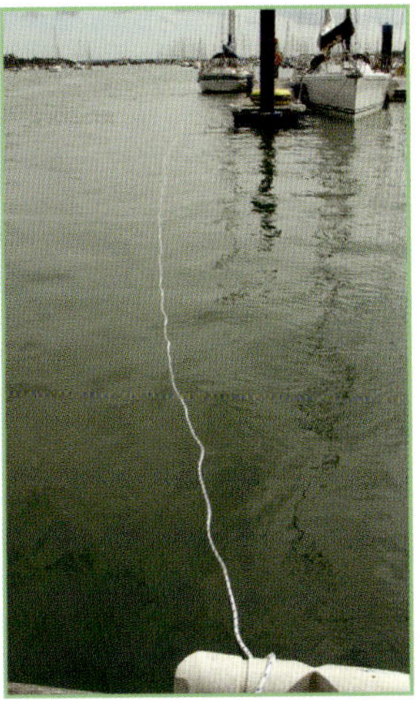

▲ *Die schwimmfähige Leine treibt auf der Wasseroberfläche.*

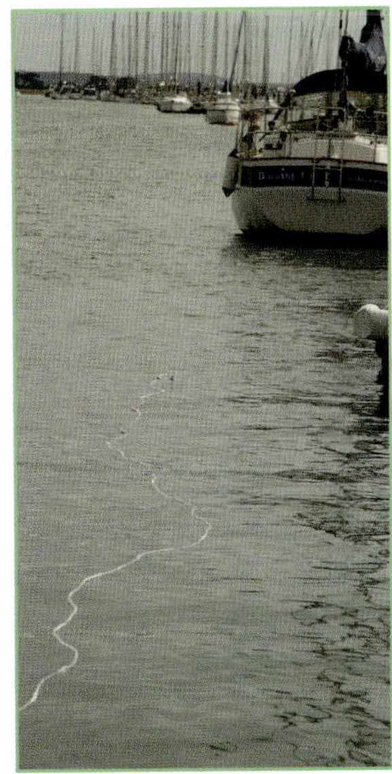

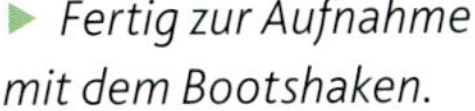

▶ *Fertig zur Aufnahme mit dem Bootshaken.*

18 Setzen Sie Festmacher auf Slip

Um eine Leine zu slippen, muss sie sich leicht um den Befestigungspunkt an Land, eine Klampe, einen Poller oder einen Pfahl, abziehen lassen. Nicht jede Leine ist dafür gleichermaßen geeignet.

Vermeiden Sie dreischäftig geschlagenes Tauwerk. Besser sind Leinen mit einem geflochtenen Mantel. Ich verwende eine Leine mit Dyneema-Kern und einem geflochtenen Mantel aus Polyester, weil sie sich mit wenig Reibung slippen lässt. Die rote Farbe habe ich nur deshalb gewählt, weil sie in den Fotos gut sichtbar ist.

Achten Sie auf folgende Punkte:

- Das zu slippende Ende sollte so kurz wie möglich sein.
- Vergewissern Sie sich, dass das Leinenende nicht hängenbleiben kann. Die Leine darf keine Knoten oder Augspleiße haben.

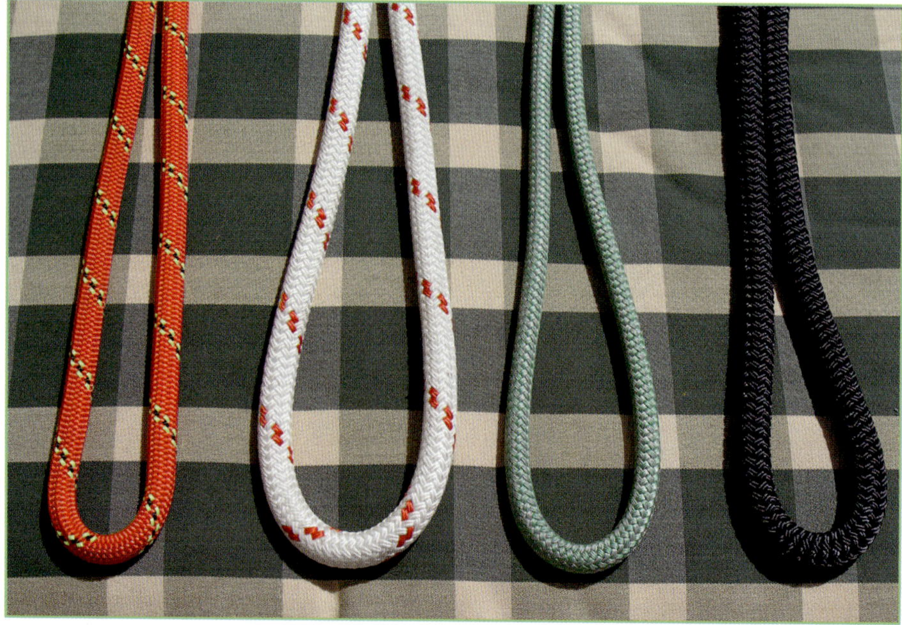

▲ *Leine mit Dyneema-Kern und Polyester-Mantel (links). Bei den anderen drei Leinen sind Kern und Mantel aus Polyester. Alle vier Leinen sind gut zum Slippen geeignet.*

19 Welche Kraft hat den größten Einfluss beim Ablegen?

Beobachten Sie vor dem Ablegen, wie sich Wind und Gezeitenstrom auf Ihr Boot auswirken.

Welche Spring ist gespannt? Wie würde sich das Boot verhalten, wenn die Festmacher gelöst werden? Bedenken Sie auch, wie sich das Boot bei Einsatz des Motors verhält. Zu welcher Seite wirkt der Radeffekt bei Rückwärtsschub, und wie stark ist er? Meist wirkt sich der Gezeitenstrom stärker als der Wind auf das Boot aus. Aber bei starkem Wind gegen Strom kann es auch umgekehrt sein.

Abhängig von der Windangriffsfläche eines Bootes entsprechen 4 Bft. (11–16 Knoten Wind) ungefähr einem Gezeitenstrom von 1 Knoten Geschwindigkeit.

- Siehe Tipp 22 für praktische Beispiele.

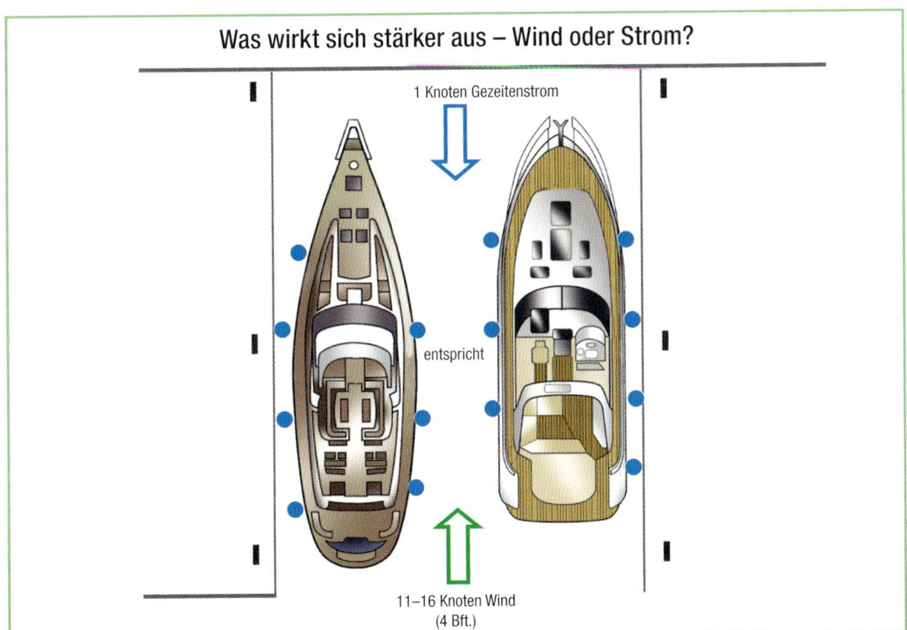

20 Ablegen mit Vorspring und Straßenräuberstek

Beim Eindampfen in die Spring kann sie an Land mit einem Straßenräuberstek festgemacht werden.

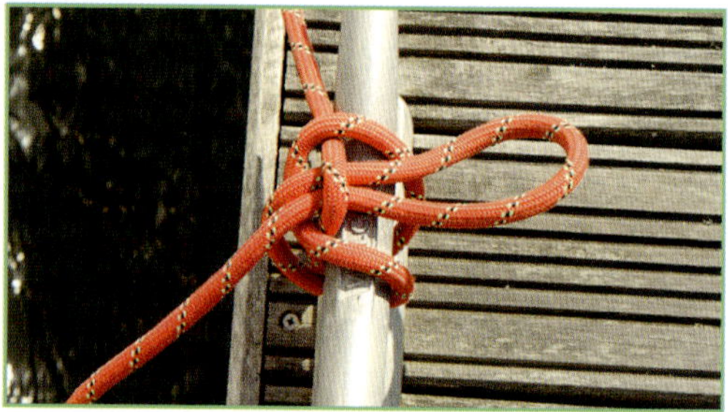

▸ *Verwenden Sie für den Straßenräuberstek geflochtenes statt geschlagenes Tauwerk (siehe Tipp 71).*

■ Eindampfen in die Vorspring mit Straßenräuberstek: Segelyacht

Vorbereitung:

- Straßenräuberstek an der hinteren Klampe am Steg.
- Leine an der Springklampe an Bord mit Kopfschlag belegt.
- Loses Ende zurück an Bord geführt.
- Motor mit Schub voraus einkuppeln.
- Das Boot wird längsseits am Steg gehalten.
- Festmacher abnehmen.

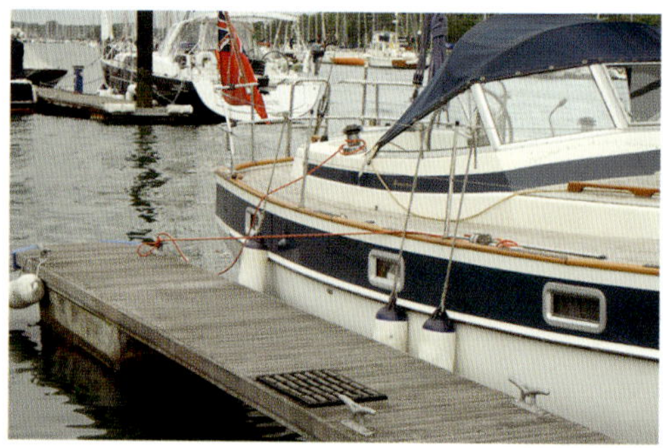

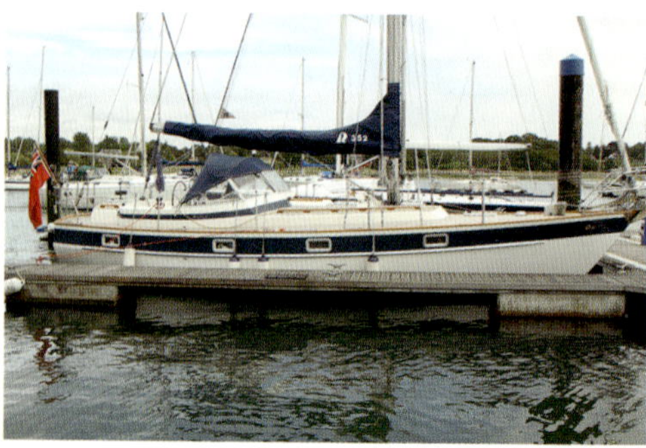

Um abzulegen:

- Motor auskuppeln.
- Kräftiger Zug am losen Ende zum Lösen des Straßenräuberstek, notfalls Winsch zur Hilfe nehmen.
- Motor rückwärts einkuppeln und ausfahren.

Eindampfen in die Vorspring mit Straßenräuberstek: Motorboot

Vorbereitung:

- Straßenräuberstek an Stegklampe achtern.
- Leine an Springklampe an Bord belegt.
- Loses Ende zurück an Bord geführt.
- Motor mit Schub voraus einkuppeln.
- Boot wird längsseits am Steg gehalten.
- Festmacher abnehmen.

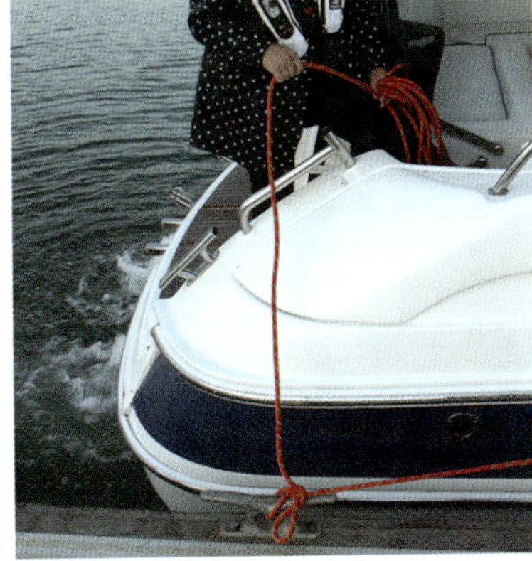

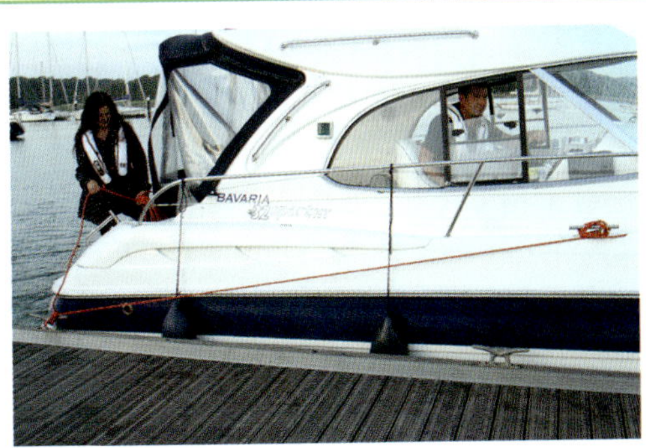

Um abzulegen:

- Motor auskuppeln.
- Kräftiger Zug am losen Ende zum Lösen des Straßenräubersteks, notfalls Winsch zur Hilfe nehmen.
- Motor rückwärts einkuppeln und ausfahren.

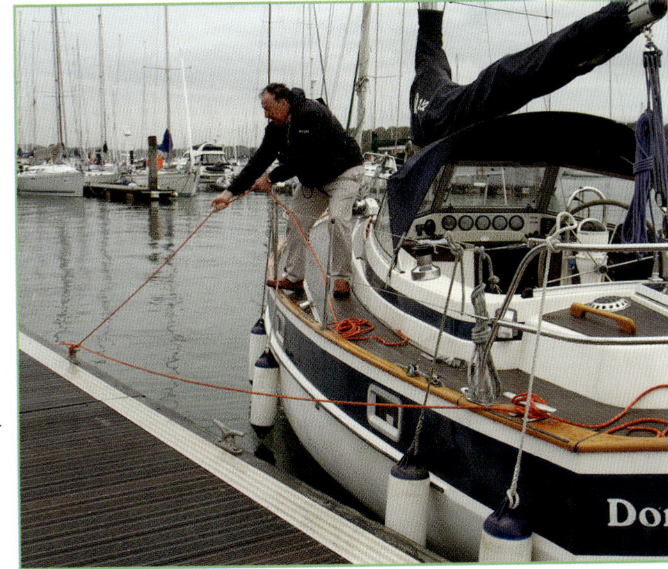

Eindampfen in eine Spring mit Straßenräuberstek. Mit einem kurzen Ruck wird sie von der Stekklampe gelöst.

21 Hahnepot am Bug, um ein Boot längsseits zu halten

Es ist sehr wichtig, das Boot längsseits am Steg halten zu können, wenn man einhand oder mit kleiner Crew ablegen möchte. So können erst die Festmacher und dann die letzte Verbindung von Bord aus gelöst werden.

Rückwärts in eine Hahnepot einzudampfen, ist eine sehr praktische Technik.

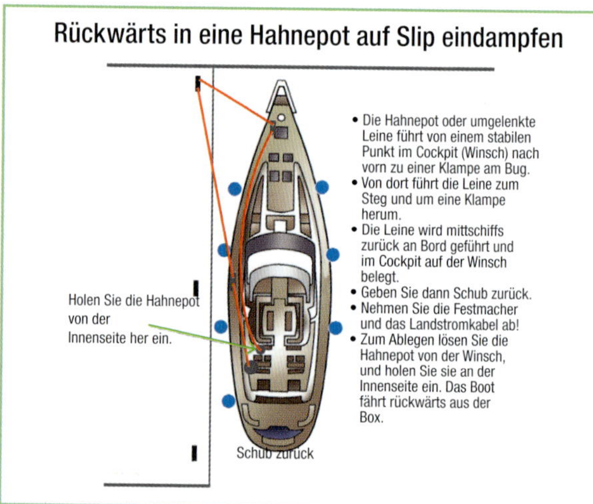

Hahnepot am Bug: Segelyacht

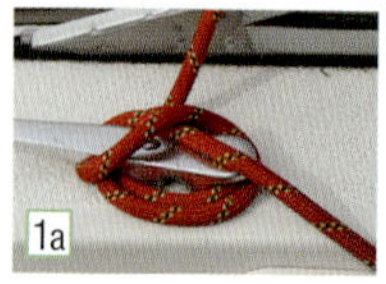

• Von einem Punkt im Cockpit …

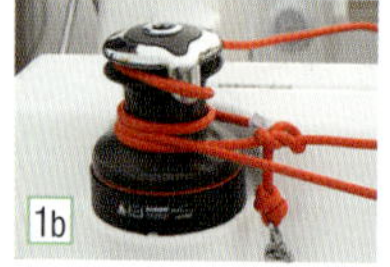

• … oder von der Winsch, an der die Leine zum Schluss belegt wird, …

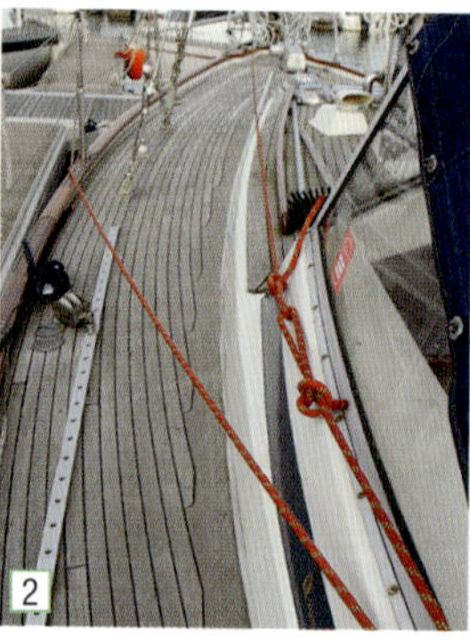

• …wird die Leine innerhalb der Wanten zum Bug um eine Klampe am Steg geführt. Führen Sie die Leine mittschiffs zurück zu einer Winsch.

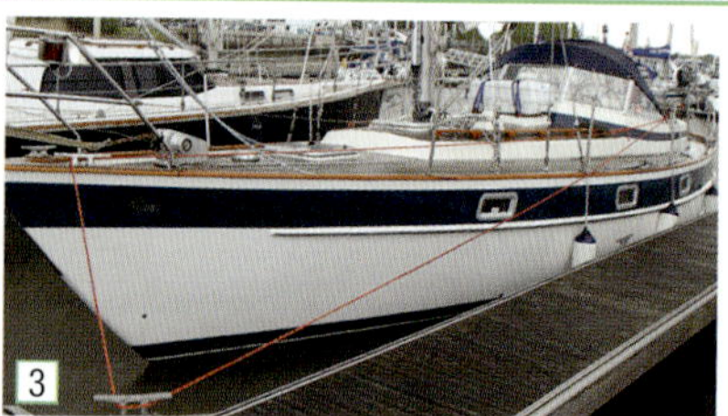

• Geben Sie Schub zurück, und nehmen Sie die Festmacher ab.

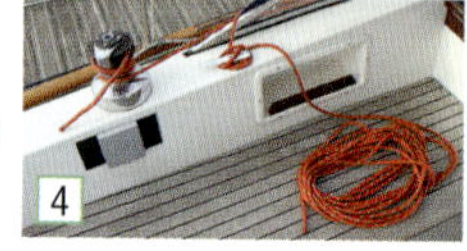

• Achten Sie darauf, dass das slippende Ende so kurz wie möglich ist. Zum Ablegen nehmen Sie die Leine von der Winsch und holen sie vom anderen Ende her ein.

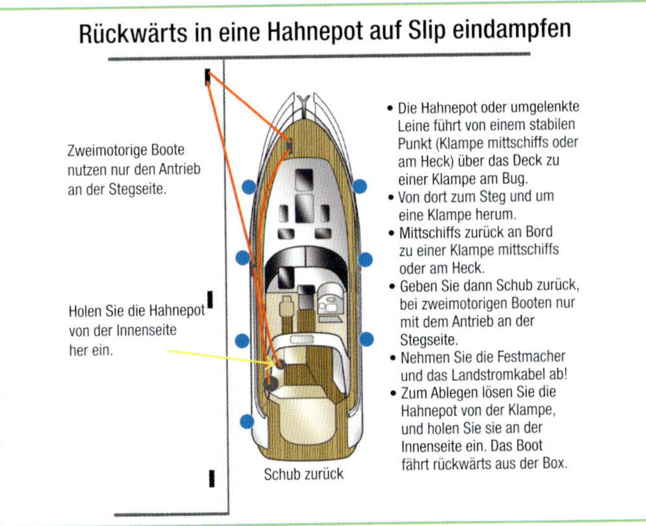

Hahnepot am Bug: Motorboot

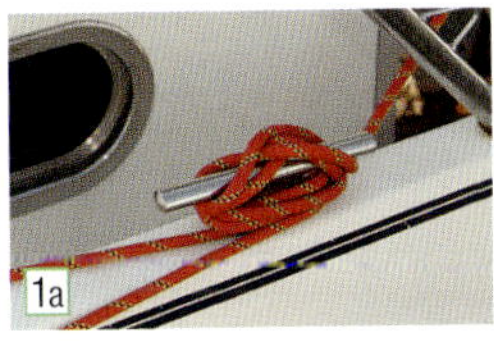

- Machen Sie die Leine an einer seitlichen Klampe fest.

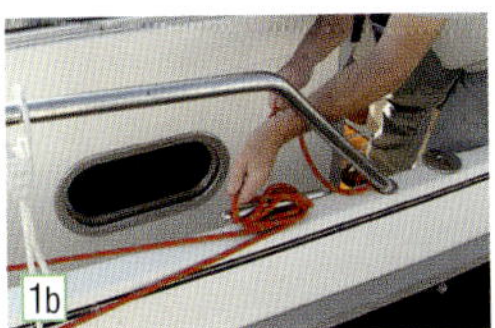

- Achten Sie darauf, dass das zu slippende Ende so kurz wie möglich ist.

- Führen Sie die Leine nach vorn zum Bug und weiter um eine Klampe am Steg herum. Führen Sie die Leine zurück an Bord, und belegen Sie sie an der Klampe auf dem Seitendeck.

- Geben Sie Schub zurück – bei zweimotorigen Booten nur mit dem Antrieb an der Stegseite –, und nehmen Sie die Festmacher ab.

- Zum Ablegen nehmen Sie die Leine von der Klampe ab und holen sie vom anderen Ende her ein.

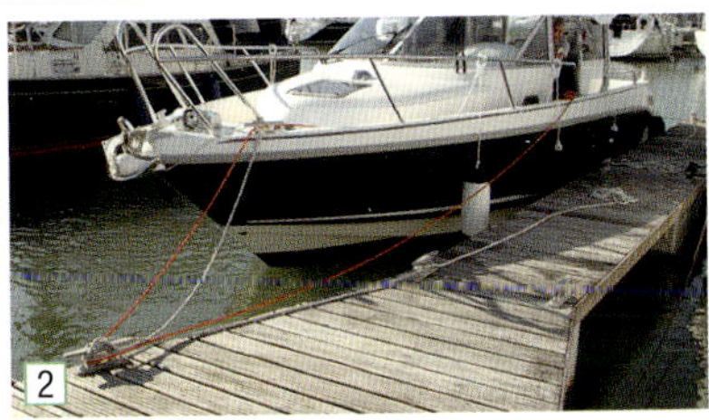

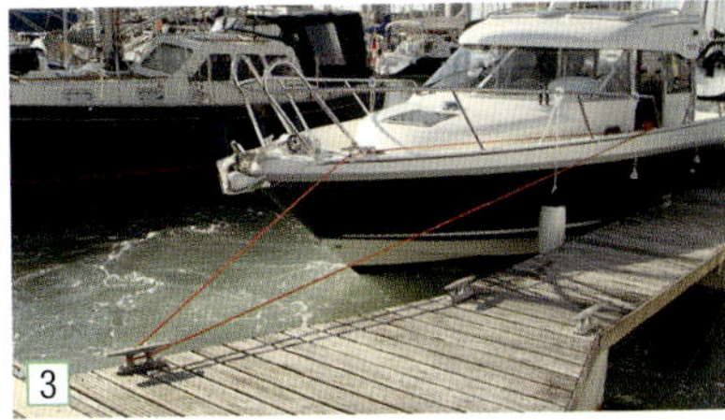

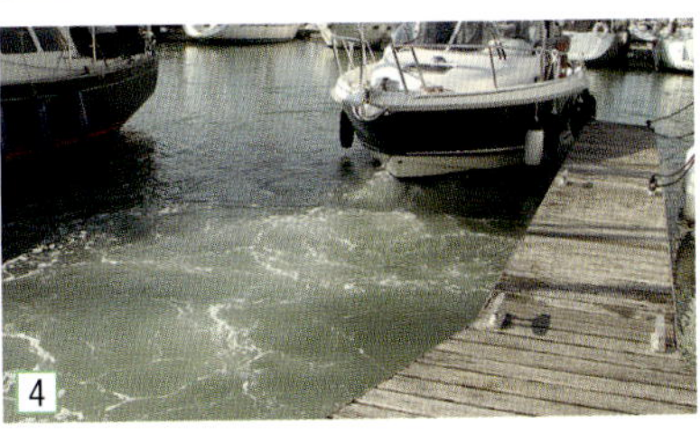

22 Welche Kraft hat den größten Einfluss beim Anlegen?

Legen Sie immer gegen den Gezeitenstrom an. Es sei denn der Wind ist stärker und entgegengesetzt zum Strom.

Wie stellt man fest, ob der Wind oder der Strom den stärkeren Einfluss hat? Achten Sie auf die Springs der vertäuten Boote. Ist die Vorspring gespannt, muss von der entgegengesetzten Seite angelegt werden – ob das Boot nun vom Wind oder vom Strom gegen die Spring zieht.

Ist die Achterspring gespannt, muss in der gleichen Richtung wie das vertäute Boot angelegt werden. Der Wind kann natürlich auch von der Seite kommen. Dann muss dieser Effekt berücksichtigt werden, während man gegen den Strom anlegt.

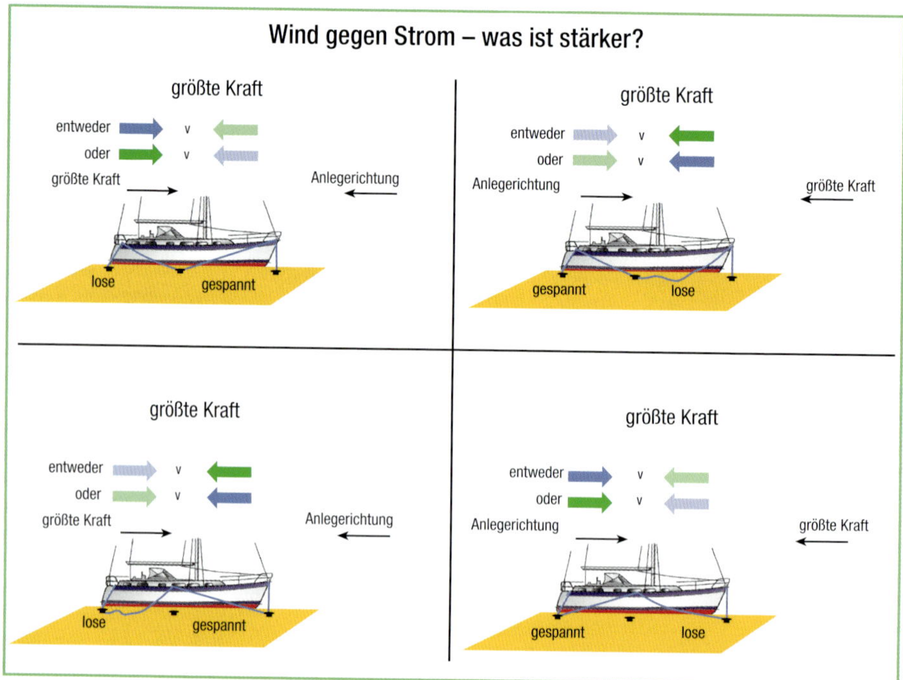

23 Fenderhöhe schnell verstellen

Knapp über dem Wasser hängt der Fender für die meisten Schwimmstege in der richtigen Höhe. Einmal unter dem unteren Relingsdraht herum und über den oberen gehängt wird daraus ein Fender auf Deckshöhe.

Kommt man in einer Marina an und weiß noch nicht, ob man an einem Steg oder im Päckchen festmachen wird, sollte man an beiden Seiten je drei Fender knapp über dem Wasser ausbringen.

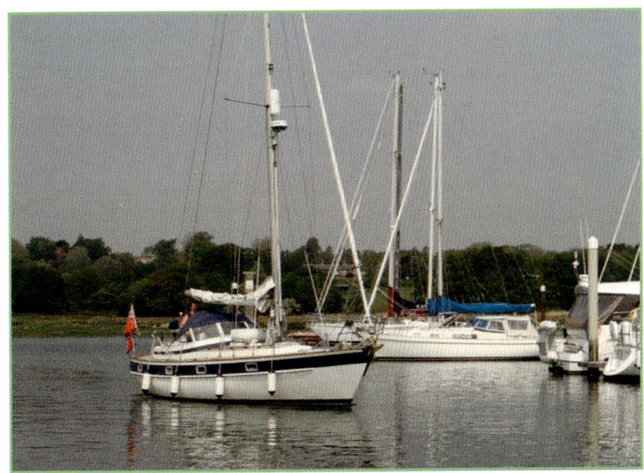

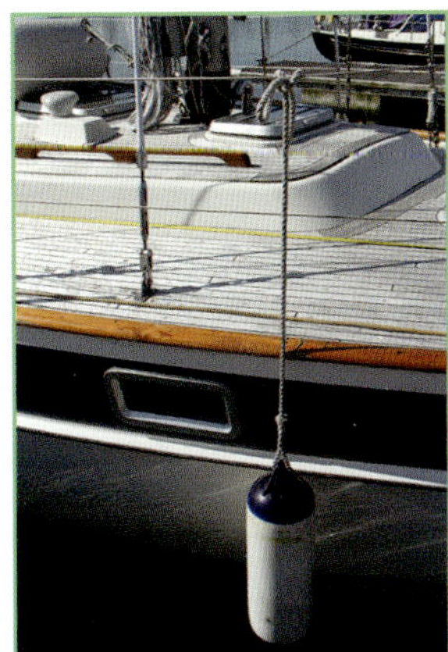

▲ *Ein Fender auf Steghöhe wird zu …*

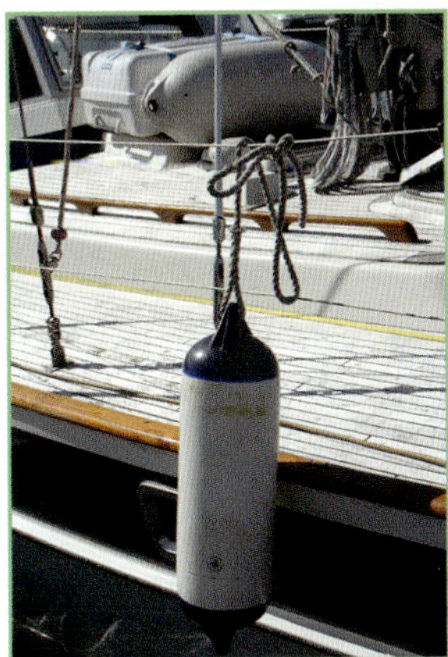

▲ *… einem Fender auf Deckshöhe, um neben einem Nachbarboot zu liegen, wenn …*

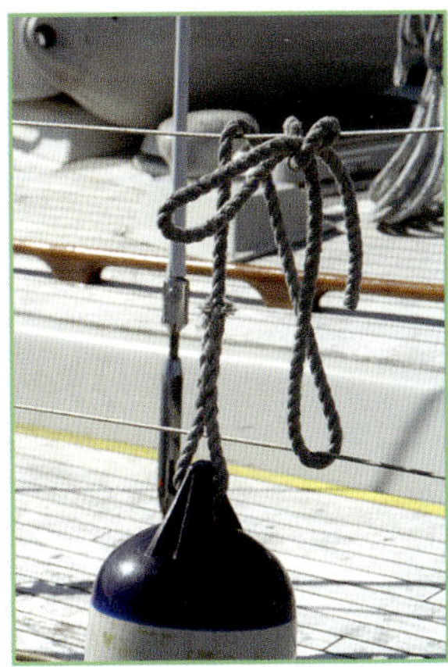

▲ *… man ihn unter dem unteren Relingsdraht durchzieht und über den oberen wieder raushängt.*

Um im Päckchen anzulegen, muss der Fender nur schnell unter dem unteren Relingsdraht durchgeführt und über die Reling gehängt werden. Das geht viel schneller, als die Fenderleinen zu verstellen.

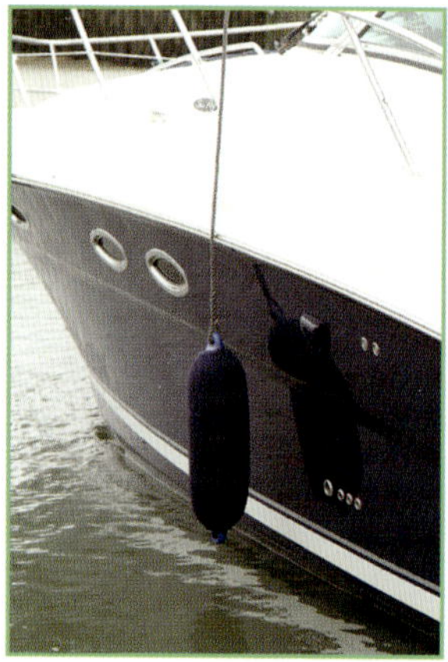

▲ *Dieser Fender ist knapp über dem Wasser auf Höhe des Stegs ausgebracht.*

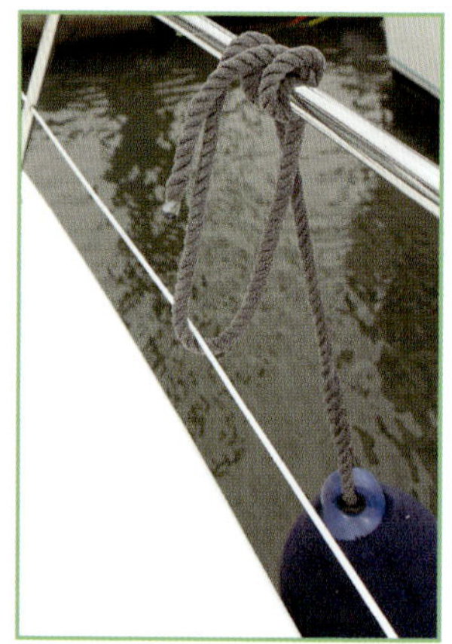

▲ *Einmal unter dem unteren Relingsdraht durchgezogen und wieder über die Reling gehängt …*

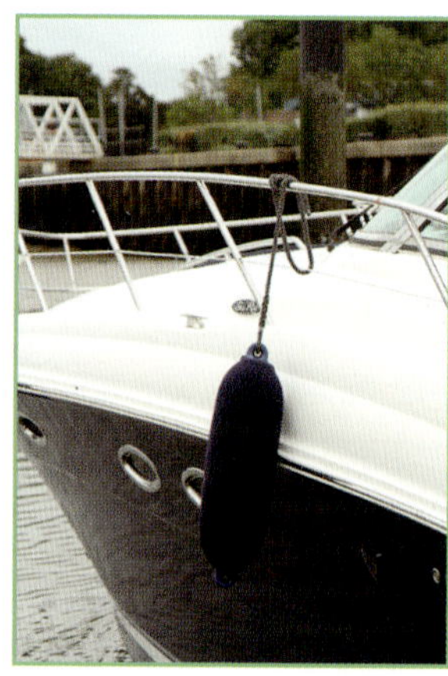

▲ *… wird er blitzschnell zu einem Fender auf Deckshöhe.*

24 Keine Klampen? Verwenden Sie einen Bojenfänger!

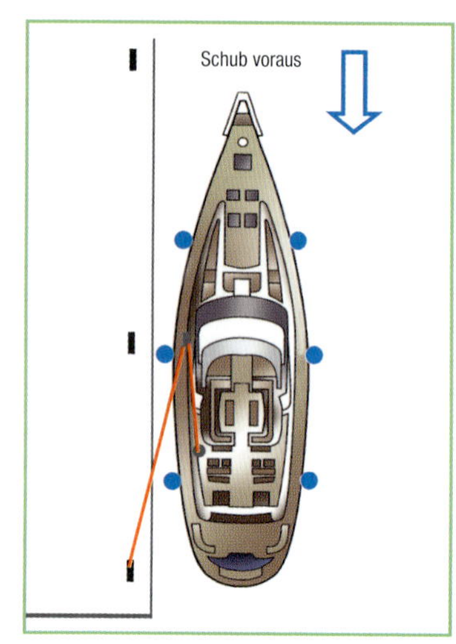

Die meisten Marinas haben Stegklampen, manchmal trifft man aber auch auf Bügelklampen oder Ringe, über die man den Festmacher nicht werfen kann. In diesem Fall benötigt man ein Hilfsmittel wie einen Bojenfänger oder einen großen Karabiner am Bootshaken.

1. Befestigen Sie das Ende der Leine am Karabiner. Die Leine wird durch eine Mittschiffsklampe oder einen Block auf der Genuaschiene und wieder zurück ins Cockpit geführt.

2. Legen Sie gegen den Gezeitenstrom an. Stoppen Sie das Boot, wenn eine Klampe auf Cockpithöhe ist. Lassen Sie den Karabiner an der Bügelklampe oder dem Ring einschnappen. Hier schnappt der Karabiner am Mittelstück einer Klampe ein.

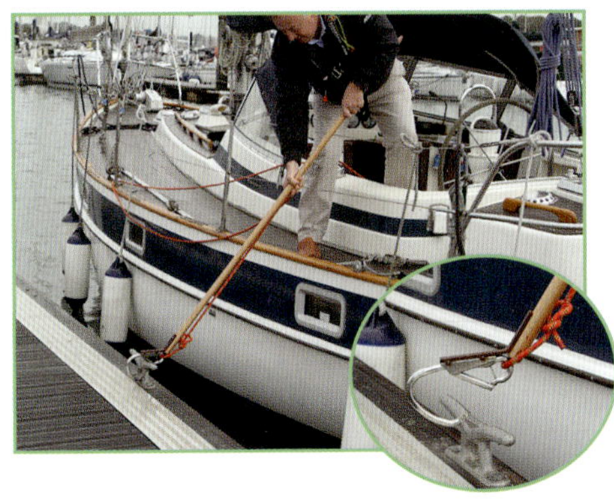

▶ *Die Klinke dieses großen Karabiners kann in geöffneter Stellung arretiert werden.*

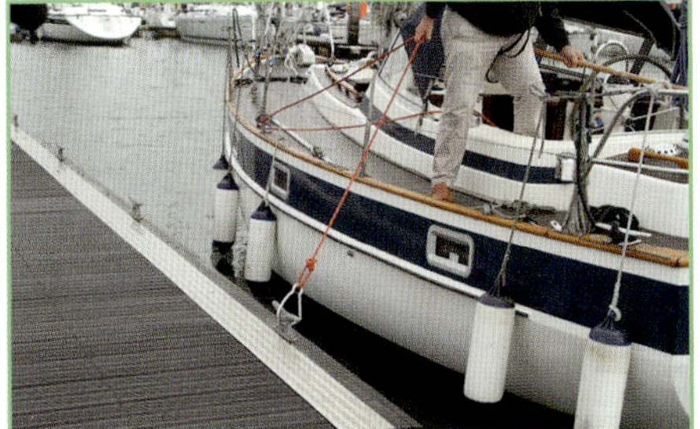

3. Ziehen Sie den Bootshaken ab.

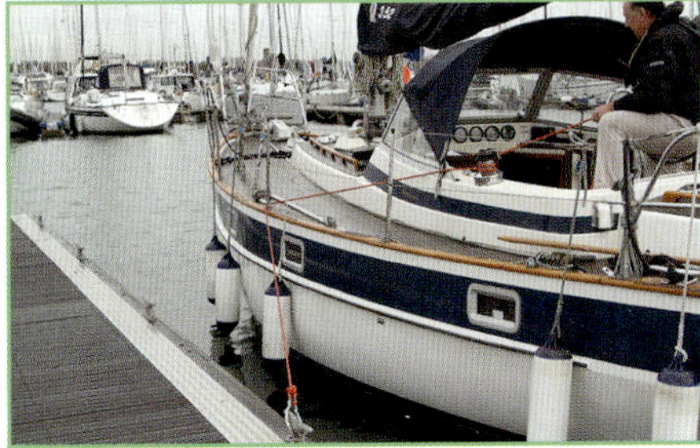

4. Holen Sie die Leine dicht, und geben Sie Schub voraus.

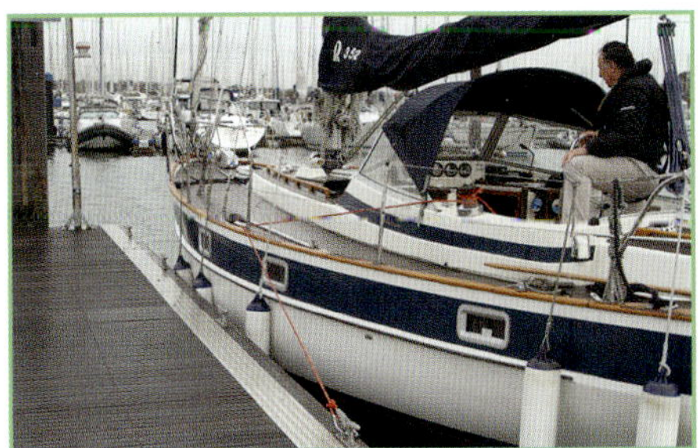

5. Jetzt legt sich das Boot an den Steg. Sichern Sie die Leine gut an der Winsch, und lassen Sie den Motor mit Schub voraus eingekuppelt. Nun können Sie von Bord steigen und die Festmacher ausbringen.

6. Ist das Boot mit Festmachern und Springs vertäut, kann der Motor ausgekuppelt und ausgeschaltet werden.

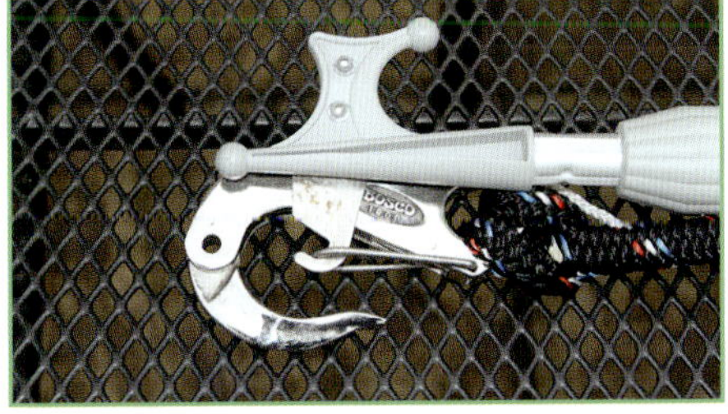

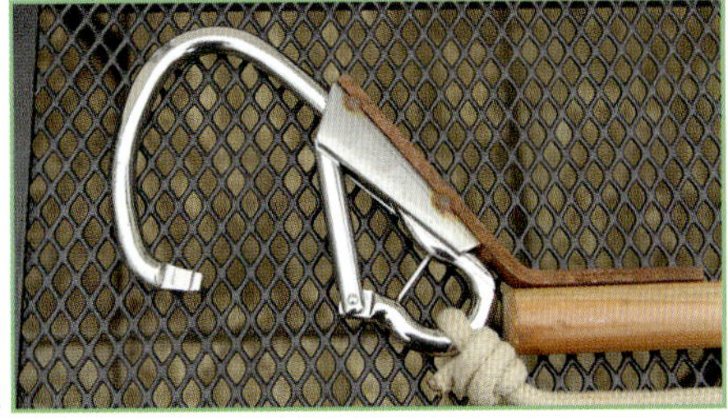

▲ *Schnapphaken und Karabiner mit geöffneter Klinke.*

25 Stressfrei anlegen mit einer Hahnepot achtern

Erst wenn das Boot längsseits liegt und durch das Eindampfen in eine Spring oder Hahnepot stabil in Position gehalten wird, steige ich von Bord und bringe meine Festmacher aus.

Am stabilsten liegt das Boot mit einer Hahnepot am Heck. Selbst wenn man die Klampe am Steg beim ersten Versuch mit der Leine verfehlt, kann man sie einholen und es nochmal versuchen. Bei einer mittschiffs ausgebrachten Spring hat man diese Möglichkeit nicht. Deshalb empfehle ich zum stressfreien Anlegen eine Hahnepot am Heck. Gehen Sie dabei wie folgt vor.

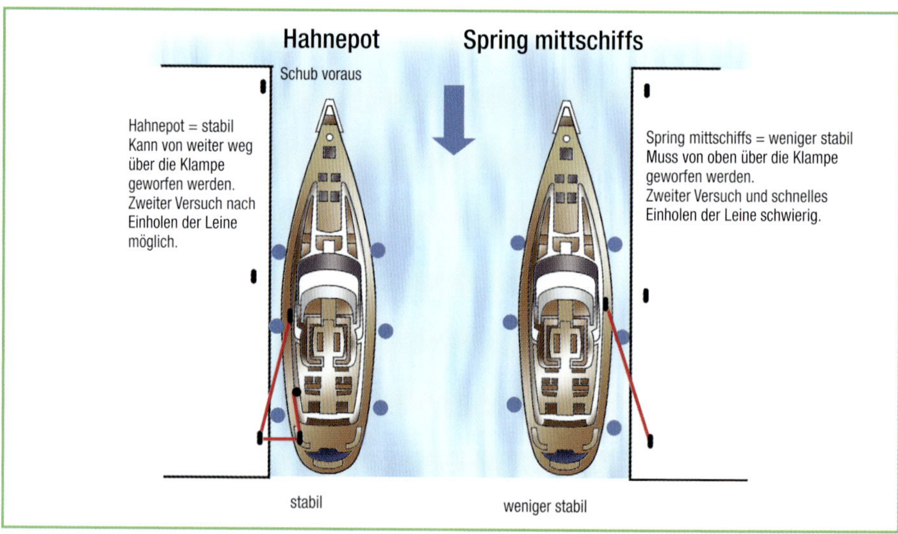

1. Führen Sie die Hahnepot von einer Klampe mittschiffs außerhalb der Relingsstützen zu einer Winsch im Cockpit.

2. Lassen Sie die Leine lang genug, um vier Törns aufzuschießen. Führen Sie die Leine mit den Törns über die Reling, und legen Sie sie im Cockpit aus.

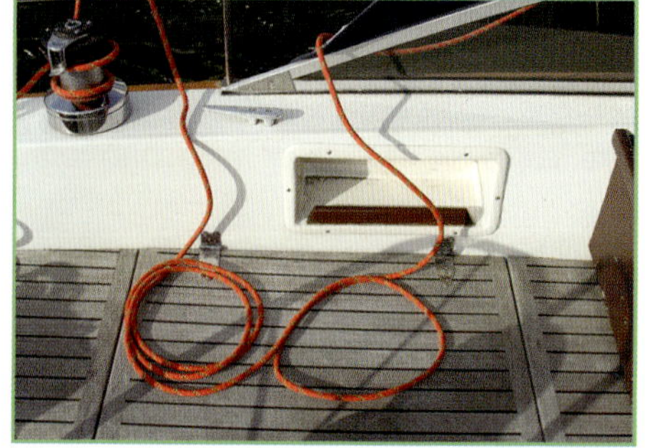

3. Steuern Sie den Steg gegen den Strom an, und stoppen Sie das Boot neben der Klampe am Steg auf. Werfen Sie die Leine mit den vier Törns über die Klampe.

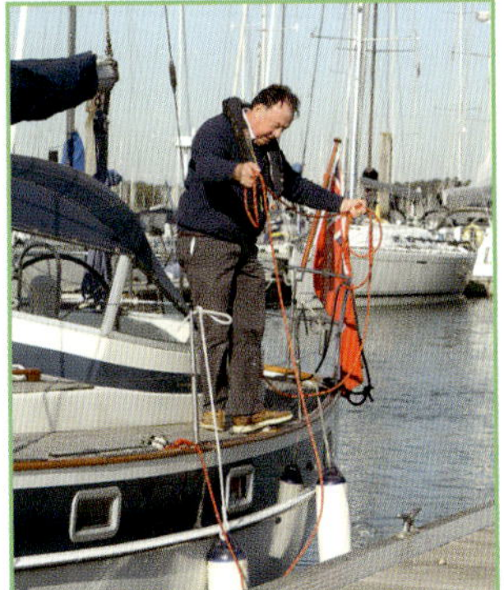

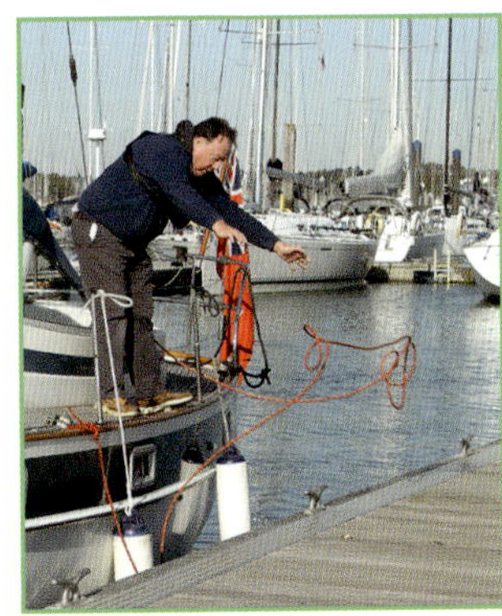

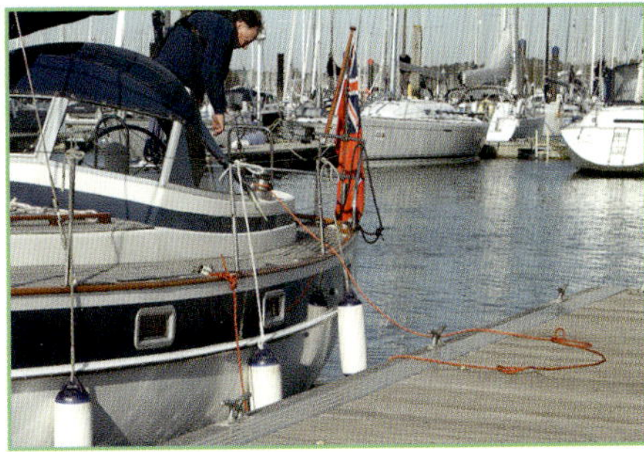

4. Holen Sie die Leine vorsichtig dicht, damit sie nicht von der Klampe abrutschen kann.

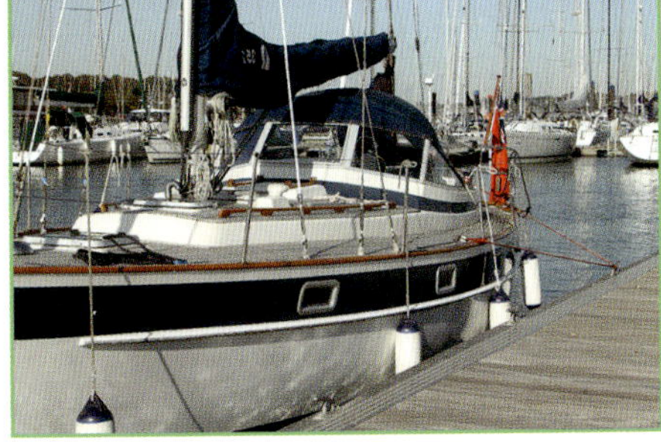

5. Wenn die Leine sicher um die Klampe herumführt, kuppeln Sie ein und geben Schub voraus.

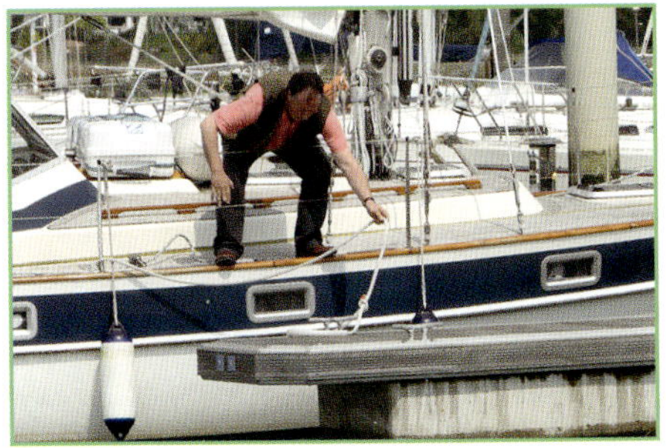

▲ *Bei einer Spring mittschiffs muss man sich dagegen sehr nah über der Klampe befinden, um das Auge der Leine darüberzulegen. Für einen zweiten Versuch bleibt meist keine Zeit!*

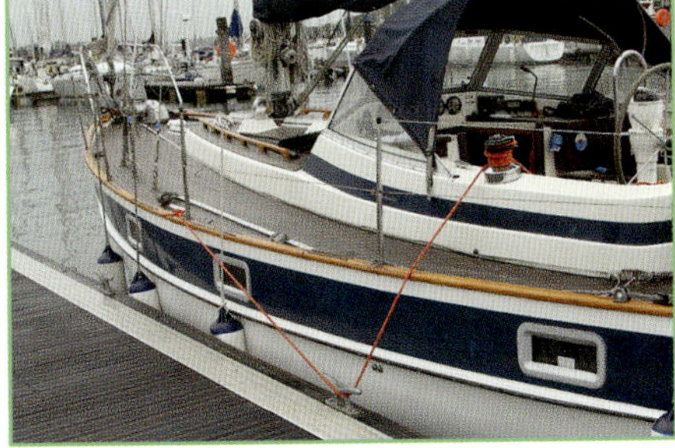

6. Belegen Sie die Leine sicher an der Winsch, bevor Sie von Bord steigen und die Festmacher ausbringen.

7. Ist das Boot mit Festmachern und Springs vertäut, können Sie den Motor auskuppeln und ausschalten.

26 Im Päckchen mit einer kurzen Leine mittschiffs anlegen

1. Nähern Sie sich gegen den Strom und mit den Fendern auf Höhe der Deckskante.

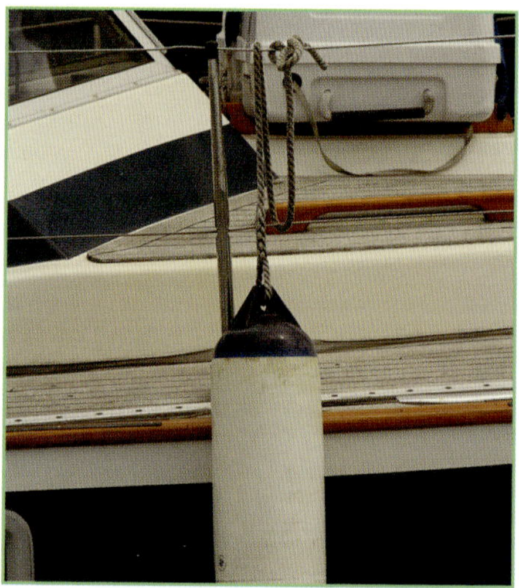

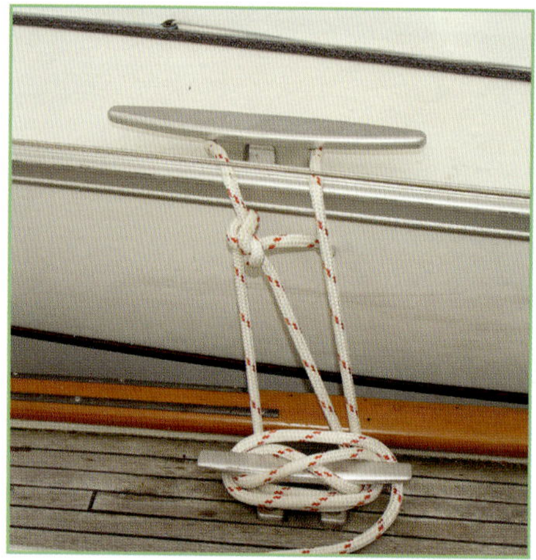

2. Verbinden Sie Ihr Boot mit dem äußeren Boot im Päckchen durch eine kurze Leine mittschiffs. So wird Ihr Boot längsseits in Position gehalten, während Sie die Festmacher ausbringen.

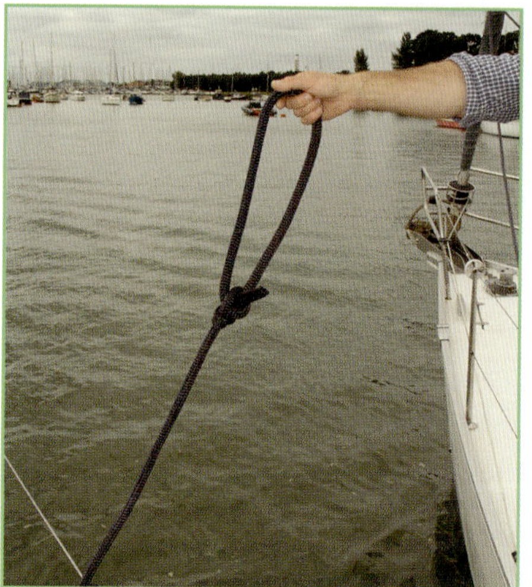

3. Übergeben Sie die Festmacher und justieren Sie sie von Bord aus.

4. Bringen Sie auch Landleinen aus.

27 Römisch-katholisch anlegen bei starkem Seitenwind

Im Mittelmeer wird oft mit dem Heck zum Steg angelegt. Wo aber soll man bei diesem Manöver den Buganker ablassen, wenn starker Seitenwind herrscht?

Lösen Sie die Bremse an der Ankerwinsch, damit sich die Kettennuss frei drehen kann. So kann die Kette viel schneller ausrauschen, als wenn sie mit dem Antrieb der Ankerwinsch abgelassen wird. Besonders bei starkem Seitenwind ist es wichtig, die Kette möglichst schnell abzulassen.

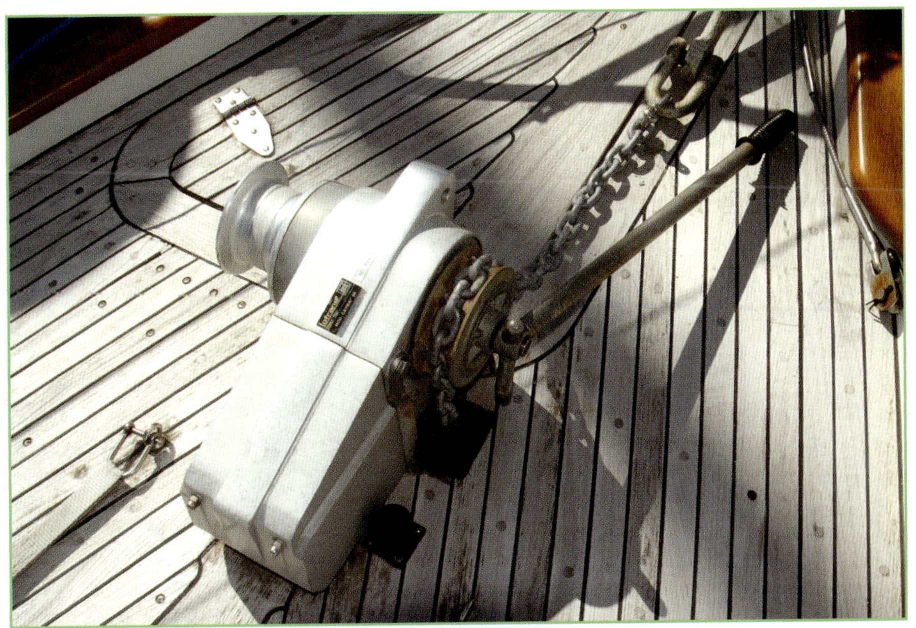

▲ *Mit dem Handhebel wird die Bremse gelöst, damit der Anker schnell abgelassen werden kann.*

28 An einer Boje gleich beim ersten Versuch festmachen

Um an einer Boje festzumachen, sollte man der Versuchung widerstehen, ein Crewmitglied nach vorn zum Bug zu schicken, wo man dieses schlecht hört, nicht genau sieht, worauf gedeutet wird und auch die Boje selbst nicht sehen kann.

Nehmen Sie die Boje längsseits oder auf Cockpithöhe auf. So können Sie sich gut mit der Crew verständigen und haben die Boje im Blick.

Steuern Sie die Boje gegen den Strom und an ihrer Leeseite an. Falls Sie das Manöver abbrechen müssen, treiben Sie durch Strom und Wind von der Boje weg.

Bei einer Boje mit Belegleine und Schwimmer kann diese entweder mit dem Bootshaken aufgenommen, dann zum Bug gebracht und dort das Auge der Belegleine über eine Klampe gelegt werden. Oder man führt eine Hahnepot vom Bug nach achtern, fädelt sie durch das Auge der Belegleine und lässt das Boot vom Gezeitenstrom zurücktreiben, bis die Boje vor dem Bug ist. Hat die Boje keine Belegleine, sondern nur einen Schäkel, kann man eine am Bug befestigte Leine mit der Lasso-Technik über die Boje werfen.

Aus Spargründen haben viele Bojen leider keine Belegleine. In diesem Fall ist man auf die Lasso-Technik zum Festmachen angewiesen.

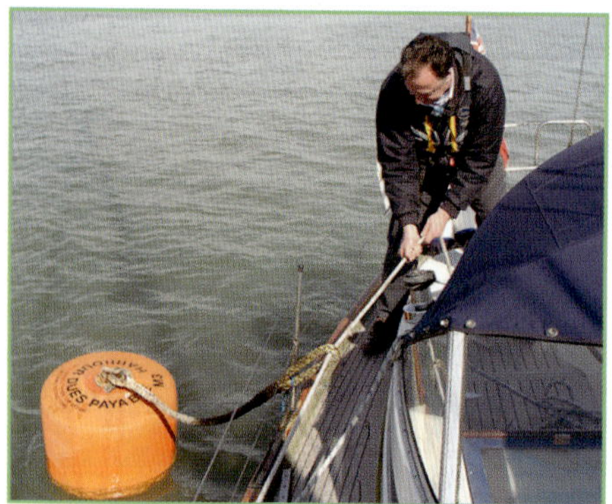

▲ *Hier wird eine am Bug befestigte Hahnepot durch das Auge der Belegleine gefädelt und neben dem Cockpit aufgenommen.*

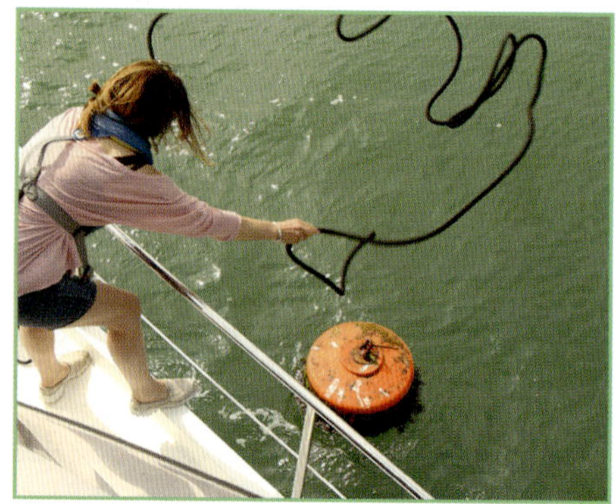

▲ *Hier wird eine Leine mit der Lasso-Technik von der Flybridge über die Boje geworfen.*

29 Um Hilfe zu bitten, ist keine Schande!

Zögern Sie nicht, einen Hafenmeister, das Marinapersonal oder andere Profis um Hilfe zu bitten. Diese Leute kennen sich nicht nur bestens aus, sondern sind auch immer gern hilfsbereit.

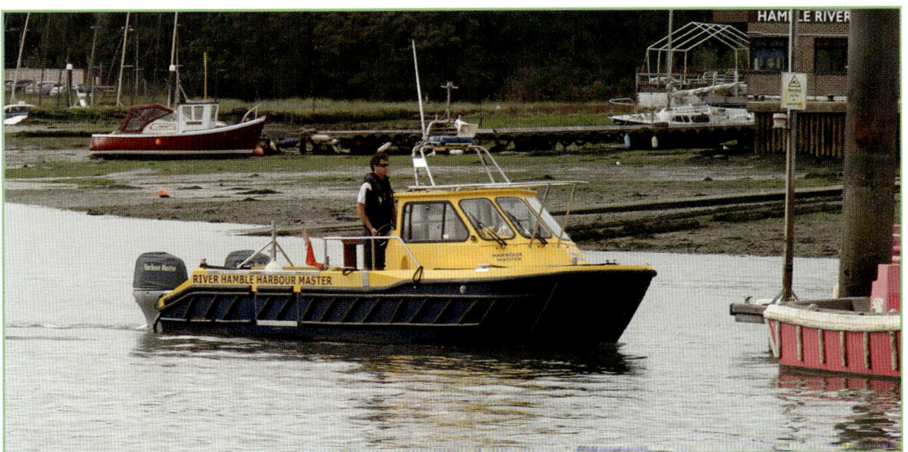

▲ *Der Hafenmeister auf dem Hamble.*

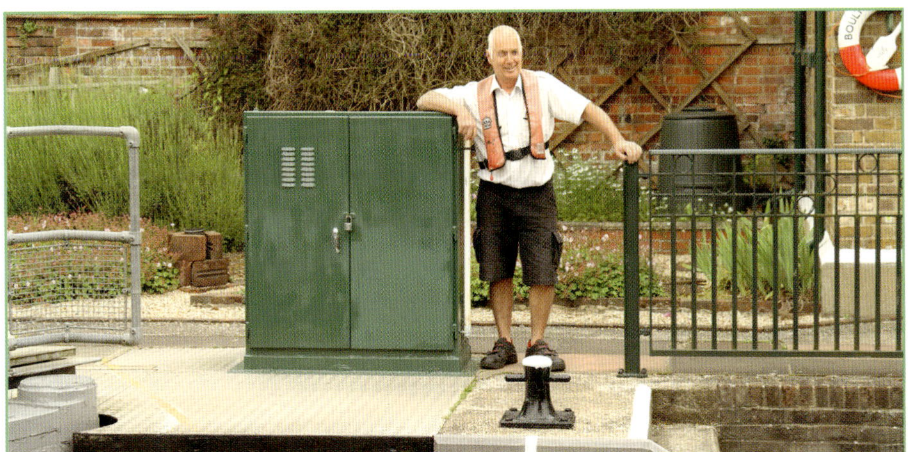

▲ *Ralph Tompkin, Schleusenwart am Boulter's Lock.*

30 Was tun, wenn das Boot über die Muringboje schiebt?

Stellt man fest, dass das Boot nicht mehr von der Boje abgehalten wird, weil beispielsweise der Einfluss des Stroms schwächer als der des Windes geworden ist, kann man Folgendes tun:

1. Legen Sie hart Ruder. Mein eigenes Boot hat eine sehr große Ruderfläche, und obwohl durch Ruderlegen das Heck zu einer Seite ausgelenkt wird, entsteht unter Umständen bereits so viel Widerstand, dass das Boot von der Boje abgehalten wird.

2. Lassen Sie einen stabilen Eimer an einer Leine über das Heck ins Wasser. Der zusätzliche Widerstand im Gezeitenstrom kann ausreichen, um das Boot zurückzuziehen.

3. Bringen Sie einen Warpanker über das Heck aus. In der Regel kann der Anker von Bord aus nicht weit genug geworfen werden, um einen ausreichend flachen Zugwinkel zu erreichen. Deshalb wird man wahrscheinlich ins Beiboot steigen müssen. Vergessen Sie nicht, die Ankerleine vorher an Bord festzumachen. Sobald der Warpanker hält, kann das Boot von der Boje weggezogen werden.

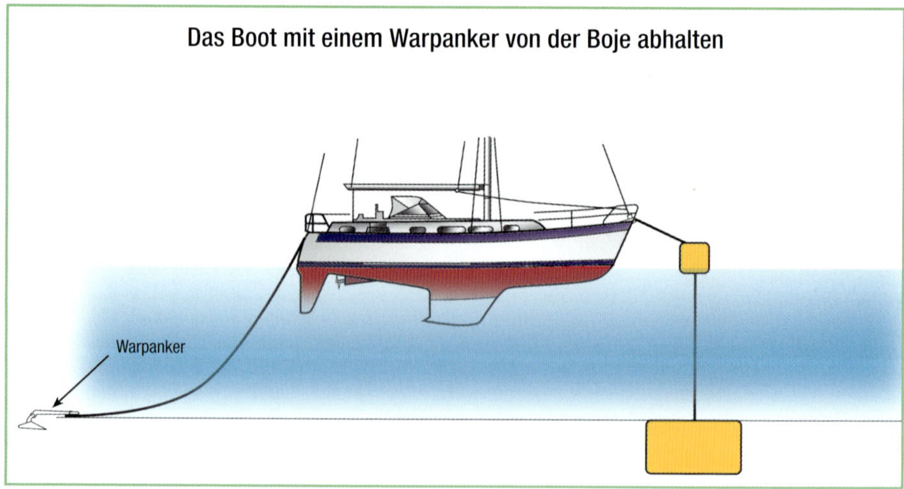

Der Warpanker muss eingeholt werden, bevor der Strom kentert.

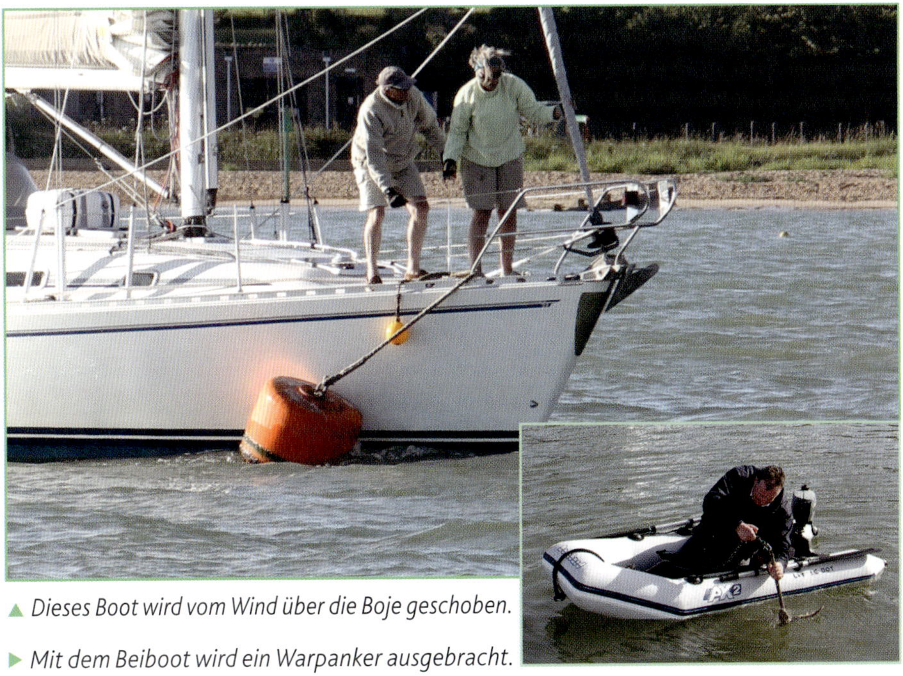

▲ *Dieses Boot wird vom Wind über die Boje geschoben.*

▶ *Mit dem Beiboot wird ein Warpanker ausgebracht.*

31 Keine Angst vor dem Einbau eines Bugstrahlruders

Ein Bugstrahlruder ist äußerst hilfreich, um auf engem Raum zu manövrieren.

Wenn es das Budget erlaubt, sagen Sie »Ja« zum Einbau, und schlagen Sie jegliche Nörgeleien selbsternannter Puristen in den Wind.

Bauen Sie auch ein Heckstrahlruder ein, um sich das Leben leichter zu machen!

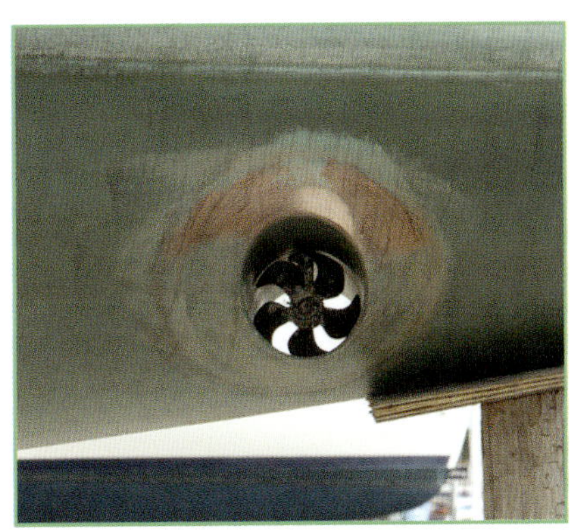

▶ *Bugstrahlruder in einem Tunnel.*

32 Wie man den Anker schneller ablassen kann

Bei einem Motorausfall in einem engen Fahrwasser kann es nötig sein, das Boot schnell zu stoppen.

In diesem Fall bleibt keine Zeit, die Fernbedienung der Ankerwinsch in Betrieb zu nehmen oder zuzusehen, wie die Winsch den Anker langsam auf den Grund ablässt. Jetzt muss es schnell gehen!

Kann die Bremse der Ankerwinsch schnell gelöst werden?

Ja?

Dann lösen Sie sie, und lassen Sie die Kette durch das Gewicht des Ankers schnell ausrauschen.

Daher ist es auch ratsam, den Handhebel für die Bremse griffbereit im Ankerkasten zu stauen.

Nein? Und die Kettennuss sitzt fest?

Dann ziehen Sie die Kette von hinten von der Kettennuss, und lassen Sie die Kette Hand über Hand ab, bis der Anker auf Grund ist und sich eingraben kann.

■ Horizontale Ankerwinsch

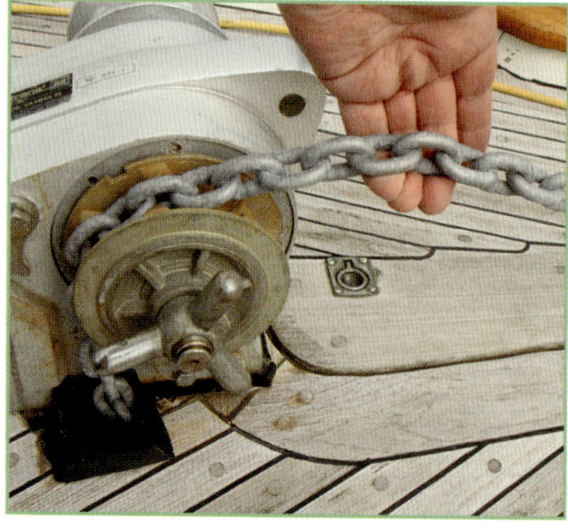

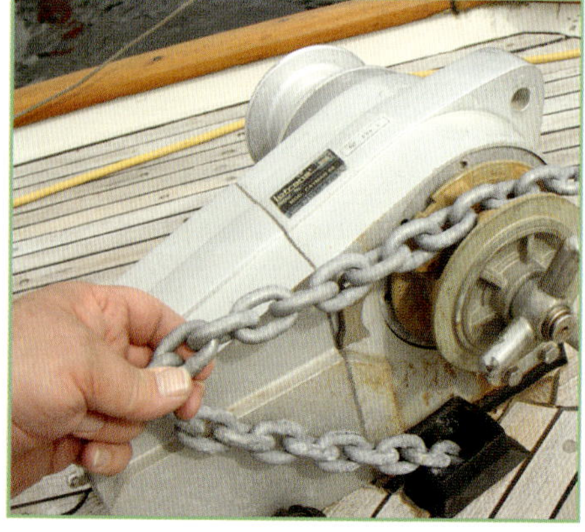

▲ *Vor der Ankerwinsch ist die Kette zu sehr gespannt, um sie von der Nuss zu heben.*

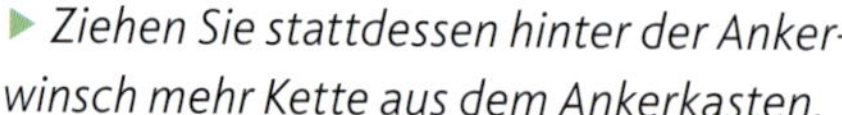

▶ *Ziehen Sie stattdessen hinter der Ankerwinsch mehr Kette aus dem Ankerkasten.*

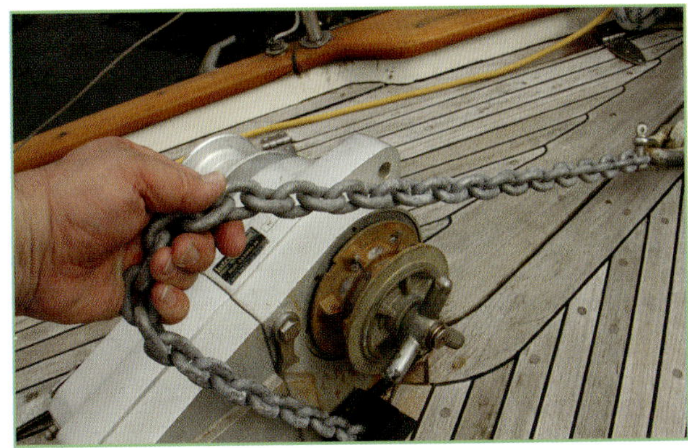

▶ *Heben Sie die Kette von der Nuss, und fieren Sie sie.*

Vertikale Ankerwinsch

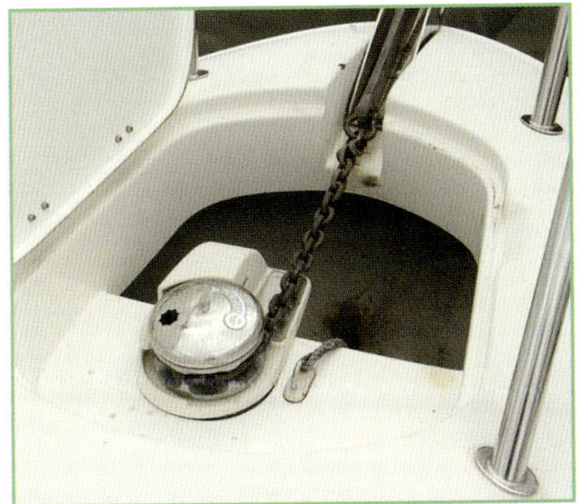

▲ *Vor der Ankerwinsch ist die Kette zu sehr gespannt, um sie von der Nuss zu heben.*

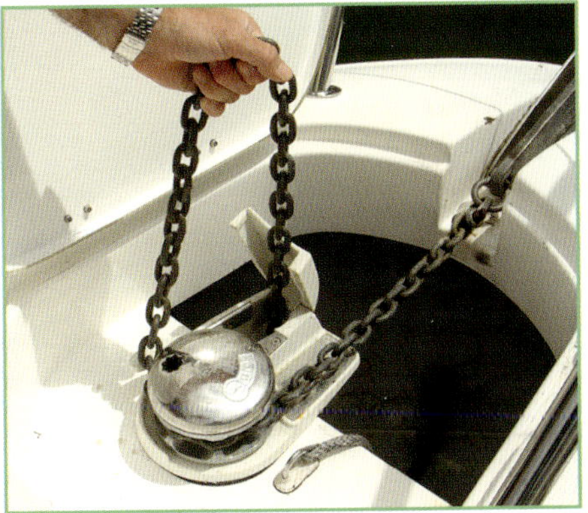

▲ *Ziehen Sie stattdessen hinter der Winsch mehr Kette aus dem Kasten.*

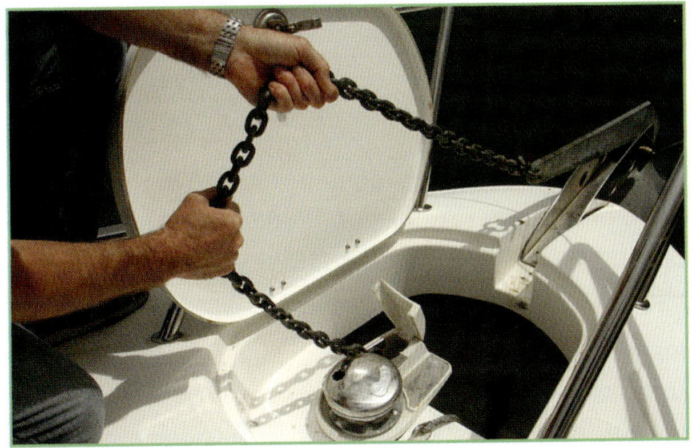

▶ *Heben Sie die Kette von der Nuss, und fieren Sie sie.*

33 Unruhiger Ankerplatz

Sichern Sie die Kette an der Bugrolle mit einem Klappnasenbolzen oder einem Bändsel, damit sie nicht von der Bugrolle springen kann und unter Umständen die Relingsstützen abrasiert.

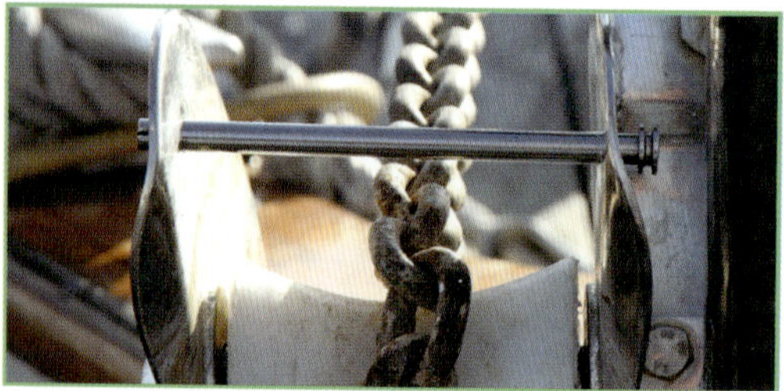

▲ *Klappnasenbolzen am Ankerbeschlag.*

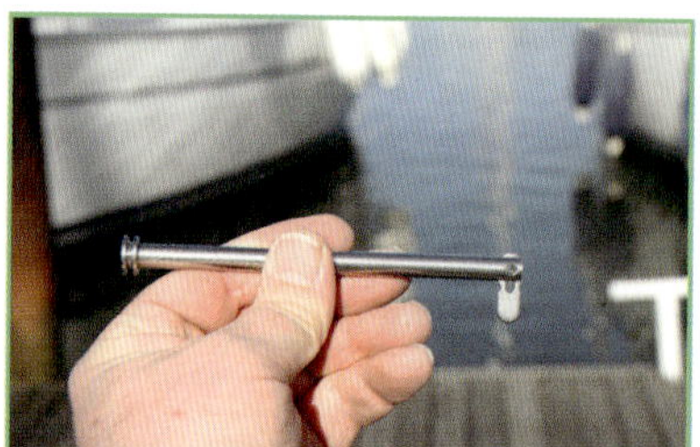

▲ *Klappnasenbolzen.*

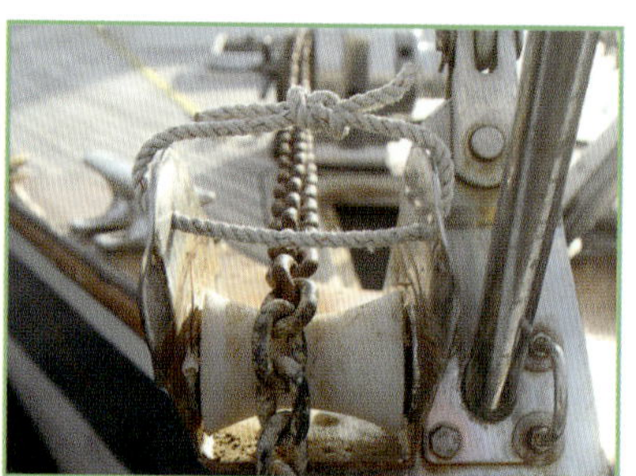

▶ *Auch mit einem Bändsel kann die Kette gesichert werden, damit sie nicht von der Bugrolle springen kann.*

34 Entspannt ankern

Immer, wenn ich höre, dass ein Anker nicht hält, habe ich als Grund festgestellt, dass nicht genügend Kette oder Ankerleine abgelassen wurde. Das liegt daran, dass man meist gar nicht weiß, wie viel Kette abgelassen wurde.

Im Ankerkasten nutzt die Kette niemandem. Sofern genug Schwojeraum zur Verfügung steht, sollte man die ganze Kette ablassen. Wichtig ist, die Kette zu markieren, damit man die abgelassene Länge unkompliziert und exakt ablesen kann.

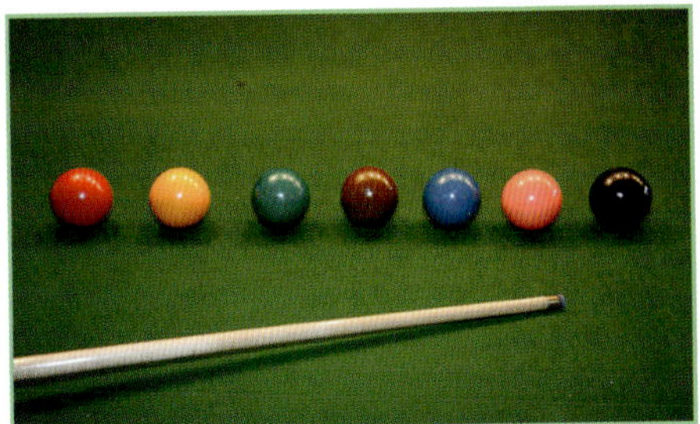

Snookerbälle haben starke und gut zu unterscheidende Farben. Aus irgendeinem Grund kann ich mir die Reihenfolge beim Snooker leicht merken: rot, gelb, grün, braun, blau, pink, schwarz. Man kann die Farbreihenfolge natürlich auch alphabetisch oder nach eigener Vorliebe ordnen, so wie man sie sich gut einprägen kann. In die Kette können farbige Stoffstreifen eingeknotet werden. Diese gehen problemlos über die elektrische Ankerwinsch und halten viele Jahre.

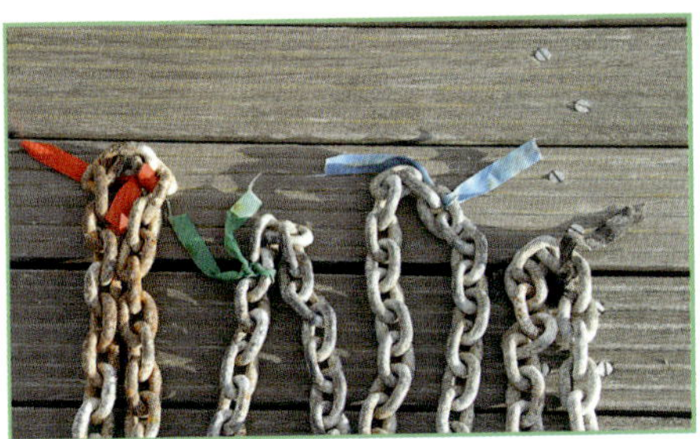

▲ *Drei Jahre alt, dabei fast wie neu.*

So kann die nötige Kettenlänge bestimmt und die Crew instruiert werden:

- Wassertiefe 6 Meter
- zusätzlich 1 Meter für die Höhe des Bugs
- insgesamt 7 Meter, bei Kette 4 x die Wassertiefe = 28 Meter
- An die Crew: »Kette bitte bis zur pinken Markierung ablassen!«

Mit einer markierten Kette oder Ankerleine gibt es keine Probleme beim Ankern.

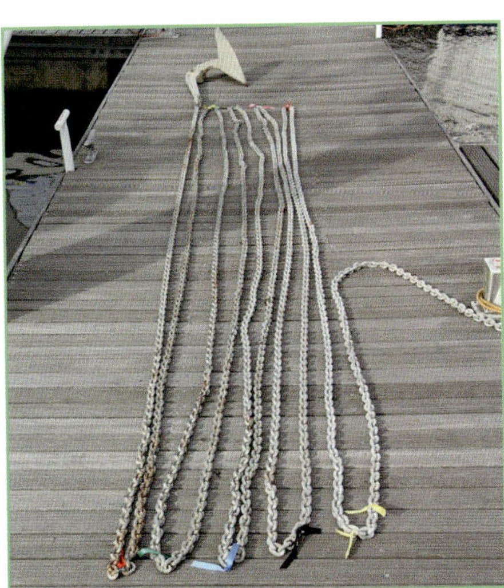

▲ *Rot: 5 m, gelb: 10 m, grün: 15 m, braun: 20 m, blau: 25 m, pink: 30 m, schwarz: 35 m, 2 x rot: 40 m, 2 x gelb: 45 m.*

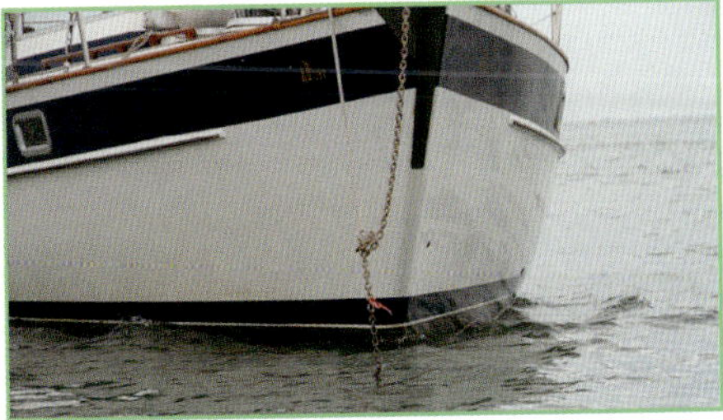

▲ *30 Meter Kette samt Kettenstropp gesteckt.*

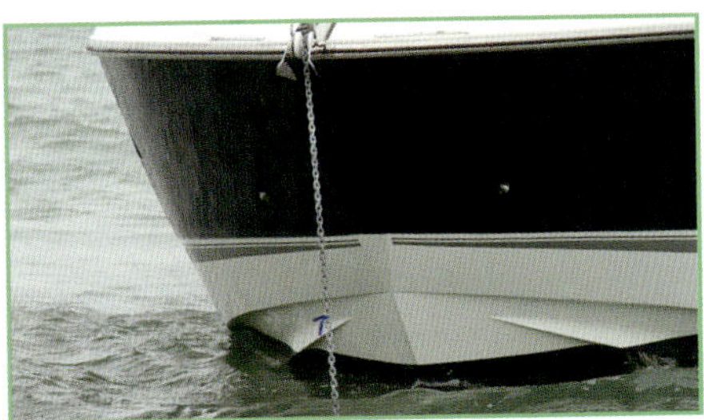

▲ *25 Meter Kette gesteckt.*

35 Hält der Anker?

Ob der Anker hält, kann man am schnellsten feststellen, indem man die Hand vor der Bugrolle auf die Kette legt. Liegt die Kette ruhig in der Hand, hält der Anker. Stellt man ein leichtes Vibrieren fest, treibt man ab.

Bei starkem Gezeitenstrom kann die Kette allerdings auch durch den Wasserwiderstand in der Strömung vibrieren. In diesem Fall sollte man mittels einer Peilung zu einem feststehenden Objekt an Land oder zu einer Boje prüfen, ob man abtreibt. Bei größerer Entfernung zur Küste kann man unter Umständen Kreuzpeilungen nehmen und so prüfen, ob sich die eigene Position mit der Zeit ändert.

Einfacher geht es natürlich mit dem Ankeralarm am GPS. Stellen Sie den Umkreis des Ankeralarms aber nicht zu klein ein, sonst löst er unnötigerweise schon bei geringem Schwojen von fünf Metern aus. Ich stelle den Alarm meist auf 20 Meter ein.

Als Erstes prüfe ich aber immer mit der Hand auf der Kette, ob der Anker hält.

Der Rumpf eines Bootes ist wie der Körper eines Cellos, und die Ankerkette ist wie eine Saite. Im Inneren werden alle Geräusche verstärkt, und man kann meist Schleifgeräusche hören, wenn der Anker über den Grund slippt. Ist alles ruhig, dürfte der Anker halten – es sei denn der Grund ist Schlamm, da würde man nichts hören. Bei schlammigem Grund ist ein slippender Anker jedoch unwahrscheinlich, denn da haben Anker die höchste Haltekraft!

Denken Sie daran, tagsüber einen Ankerball und nachts ein weißes Rundumlicht zu zeigen.

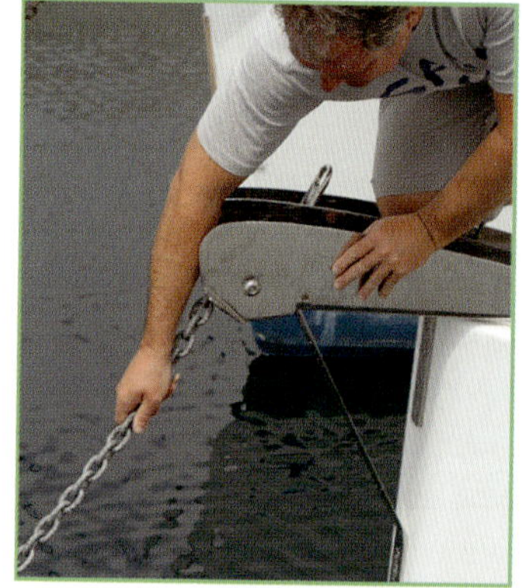

▲ *Mit der Hand kann man feststellen, ob der Anker slippt.*

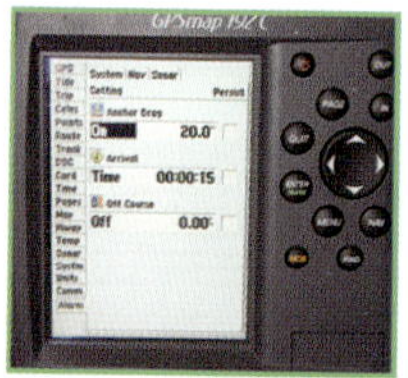

▶ *Ankeralarm am GPS.*

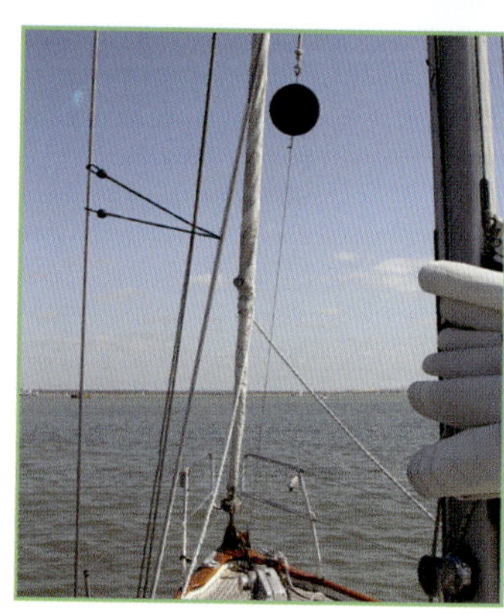

▲ *Ankerball am Tag, weißes Rundumlicht bei Nacht.*

36 Anker ausbrechen

Anker fest? Haben Sie versucht, über den Anker zu fahren und ihn von verschiedenen Richtungen aus aufzuholen und er lässt sich trotzdem nicht ausbrechen?

Eine Möglichkeit ist, Niedrigwasser abzuwarten, die Ankerkette ganz dicht zu holen und mit einem Stropp mit der OXO-Methode an einer Klampe zu belegen. Warten Sie dann, bis die Tide steigt und das Boot anhebt. Entweder Sie bekommen so Ihren Anker wieder oder das Boot säuft ab.

Das Boot wird natürlich nicht absaufen, denn Sie haben den Stropp ja mit der OXO-Methode an der Klampe belegt und können ihn auch unter Spannung noch lösen.

Lässt sich der Anker immer noch nicht ausbrechen, drücken Sie die MOB-Taste am Kartenplotter, um die Position zu speichern. Befestigen Sie einen großen Fender am Ende der Kette, und geben Sie Fender und Kette über Bord. Jetzt muss ein Taucher ran.

Auch aus diesem Grund wird das Kettenende mit einem Bändsel am Boot befestigt. Man kann es schnell mit einem Messer durchschneiden. Verwenden Sie immer einen Ankerstropp, um die Last von der teuren Ankerwinsch zu nehmen.

Lassen Sie die nötige Kettenlänge ab, und schlagen Sie das lose Ende einer Leine mit einem Stopperstek an der Kette an. Das andere Ende belegen Sie an einer Bugklampe. Lassen Sie noch etwas mehr Kette ab, bis der Stropp gespannt und die Kette lose ist.

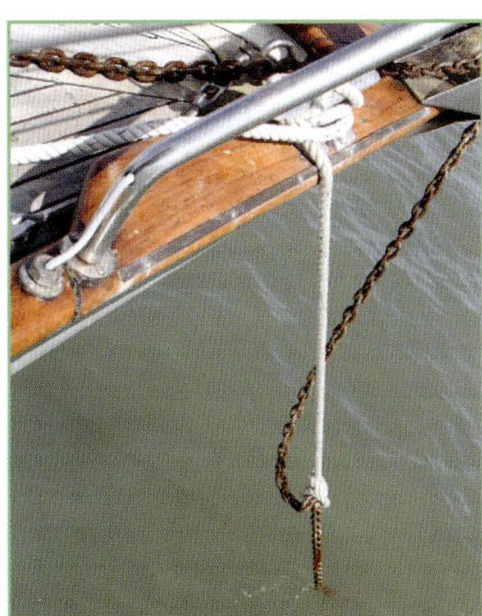

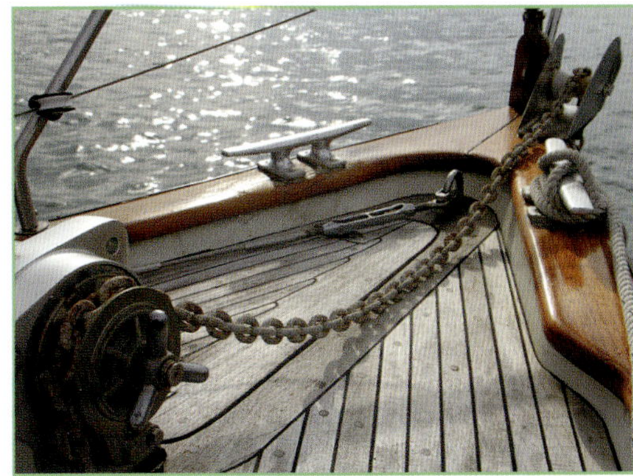

◀ *Mit einem Stropp an der dichtgeholten Kette wird der Anker von der Tide ausgebrochen.*

37 Wahrer und scheinbarer Wind

Steht man still, spürt man Richtung und Stärke des wahren Windes. Bewegt man sich fort, spürt man Richtung und Stärke des scheinbaren Windes.

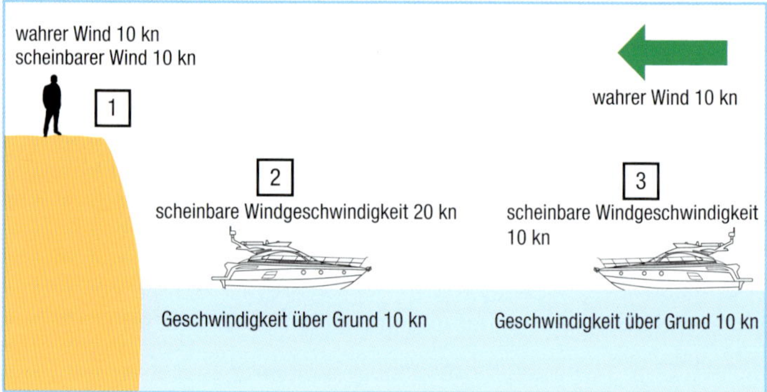

Die Windinstrumente an Bord messen zunächst den scheinbaren Wind und ermitteln daraus den wahren Wind, indem sie Geschwindigkeit und Richtung der Fahrt durchs Wasser, den Fahrtwind, einrechnen. Was dabei nicht berücksichtigt wird, ist der Wind durch Stromversatz, den man Stromwind nennen könnte.

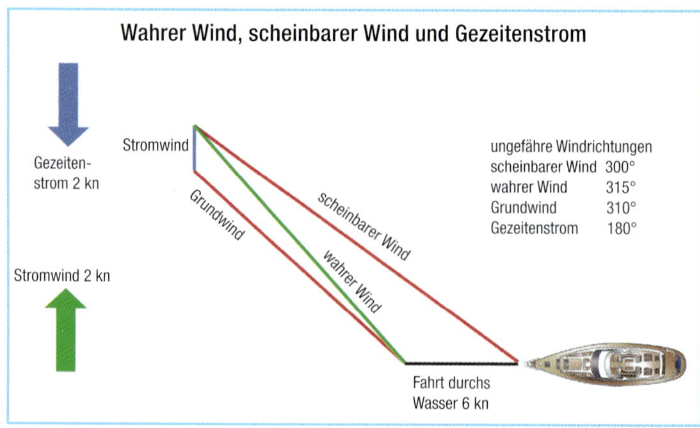

Wahren Wind selbst ausrechnen

Man kann Richtung und Stärke des wahren Windes aus dem scheinbaren Wind sowie der Geschwindigkeit des Bootes über Grund zeichnerisch ermitteln.

1. Schritt: Zeichnen Sie eine senkrechte Linie AB auf ein Blatt Papier. Die eigene Position ist am unteren Ende der Linie bei Punkt A.

2. Schritt: Zeichnen Sie eine Linie im Winkel des scheinbaren Windes an das untere Ende der senkrechten Linie und markieren Sie die Länge entsprechend der Windgeschwindigkeit mit Punkt C. Wählen Sie dazu einen geeigneten Maßstab, z. B. 1 cm = 1 kn.

3. Schritt: Von Punkt C aus markieren Sie Ihre Bootsgeschwindigkeit über Grund im gleichen Maßstab an einer senkrechten Linie mit Punkt D, beispielsweise 6 kn mit 6 cm.

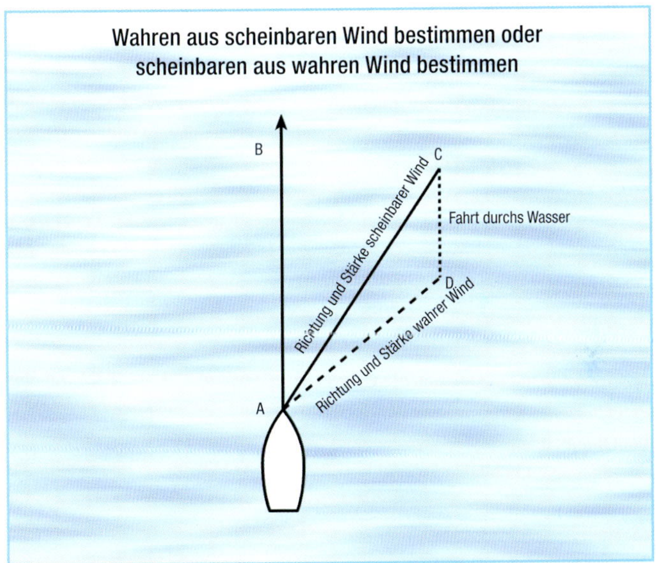

4. Schritt: Verbinden Sie Punkt A und D. Der Winkel dieser Verbindungslinie entspricht dem scheinbaren Windwinkel, und die Länge der Verbindungslinie entspricht der scheinbaren Windstärke.

38 Anzeigehilfen für den scheinbaren Wind

Windfäden an den Wanten, Flaggen oder ein Wimpel am Bug eines Motorbootes zeigen immer den scheinbaren Wind an und lassen auf seine ungefähre Stärke auf Deckshöhe schließen.

Ein Stander oder Verklicker am Masttopp zeigen den Wind etwas weiter oben an.

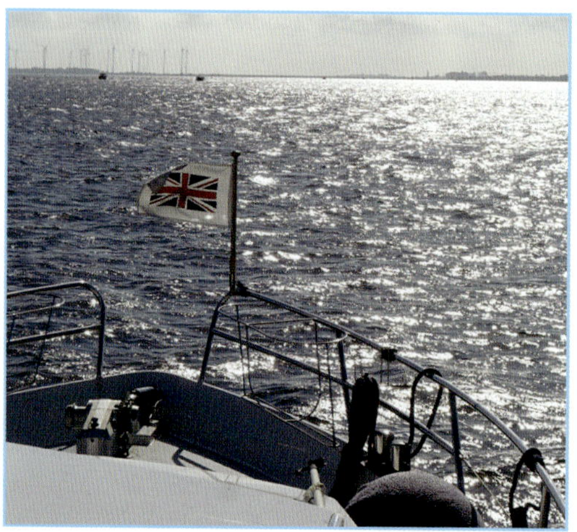

▲ *Wimpel am Bug eines Motorbootes (Courtesy of James Littlewood).*

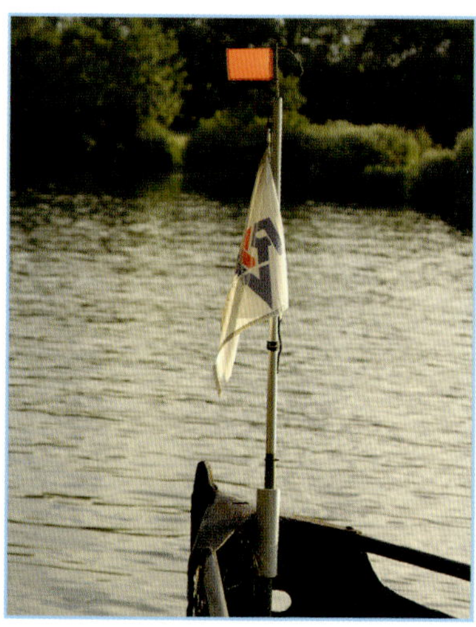

▲ *Flagge und Verklicker als*

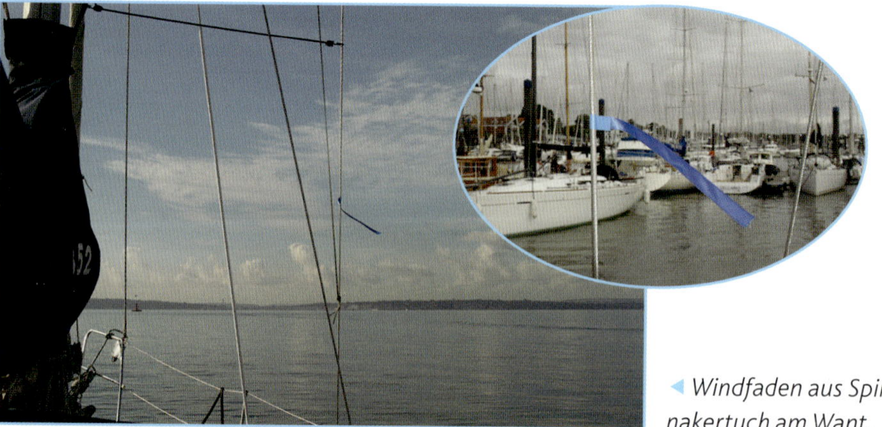

◀ *Windfaden aus Spinnakertuch am Want.*

39 Mit Leebug segeln

Kommt auf einem Amwindkurs der Gezeitenstrom von Lee und drückt das Boot nach Luv, segelt man mit Leebug. So kommt man schneller und direkter zu einem Ziel in Luv.

Beim Aufkreuzen nennt man den bevorteilten Schlag den Streck- oder Holebug. Im Diagramm segelt das Boot auf Streckbug, wenn es den Wind von Backbord hat. Dabei wird es vom Strom nach Luv gedrückt. Es nutzt den Strom also zum Vorteil und segelt auf Leebug.

Im Diagramm wäre das Boot nach einer Stunde auf Leebug 5,2 Meilen vom Ziel entfernt. Wäre man auf dem anderen Bug gesegelt, also mit Wind von Steuerbord, hätte der Strom das Boot nach Lee gedrückt. So wäre man nach einer Stunde 7,3 Meilen vom Ziel entfernt.

Versuchen Sie immer auf Streckbug zu segeln, und nutzen Sie den Strom zum eigenen Vorteil.

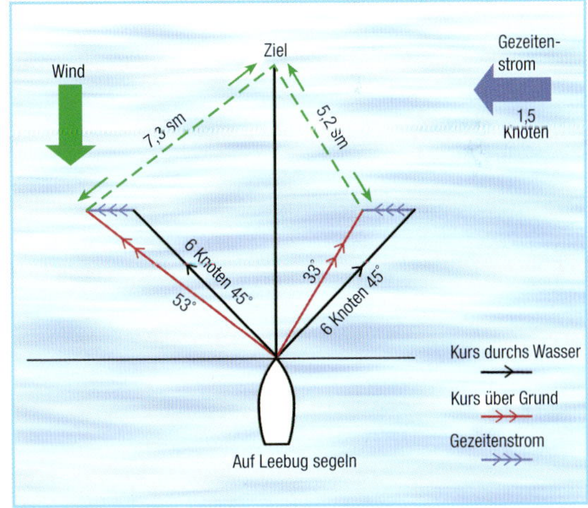

Im Diagramm kann man gut erkennen, dass das Boot mit Leebug direkter auf das Ziel zuhalten kann und gegenüber dem anderen Schlag mit Wind von Steuerbord bevorteilt ist.

Bedenken Sie auch, dass es immer besser ist, etwas in Stromluv am Zielpunkt anzukommen. Es ist viel leichter, die letzte Ansteuerung mit dem Strom zu segeln, als gegen den Strom ankämpfen zu müssen.

40 Winddreher in Küstennähe vorhersagen

Reibung über Land lässt den Bodenwind ungefähr 30° rückdrehen. Über Wasser ist die Reibung geringer, sodass hier der Wind nur circa 15° nach links abgelenkt wird.

Dieser Unterschied bewirkt, dass ablandiger Wind nach links dreht, wenn man sich einer Küste nähert.

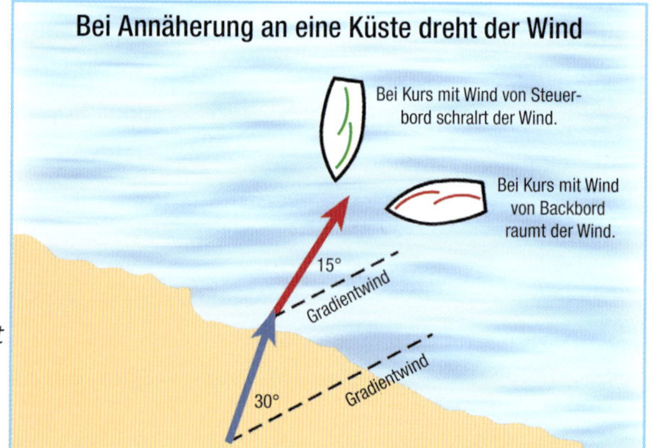

▸ *Für das Boot mit Wind von Steuerbord schralt der Wind bei Annäherung an die Küste, während er für das andere Boot raumt.*

Konvergenz und Divergenz

Bedenken Sie, dass die unterschiedliche Reibung über Land und See einen Wind, der parallel zur Küste weht, durch Konvergenz verstärkt und durch Divergenz abschwächt.

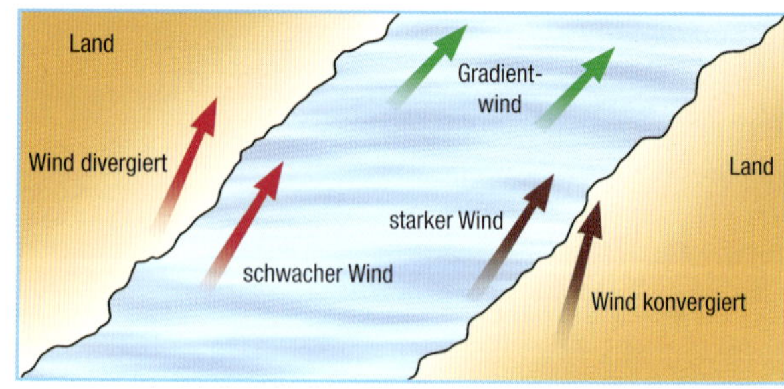

▸ *Konvergierende und divergierende Küstenwinde.*

41 Schotholepunkt schnell verstellen

Es ist wichtig, das Achterliek des Vorsegels bei belegter Schot öffnen und schließen zu können. Wer keine ins Cockpit geführte Leinenverstellung für den Fußblock auf der Genuaschiene hat, kann die folgende Methode ausprobieren.

Wahrscheinlich hat man alles Nötige dazu bereits an Bord und muss keine teuren Beschläge kaufen. Ich verwende einen Block an einer Leine, die ich durch den vorderen Fußblock auf der Genuaschiene und weiter bis ins Cockpit führe. Die Genuaschot läuft durch diesen verstellbaren Block, dann durch den hinteren Fußblock auf der Genuaschiene und weiter zur Winsch im Cockpit.

So kann durch Verstellung des Holepunktes das Achterliek geöffnet und geschlossen werden.

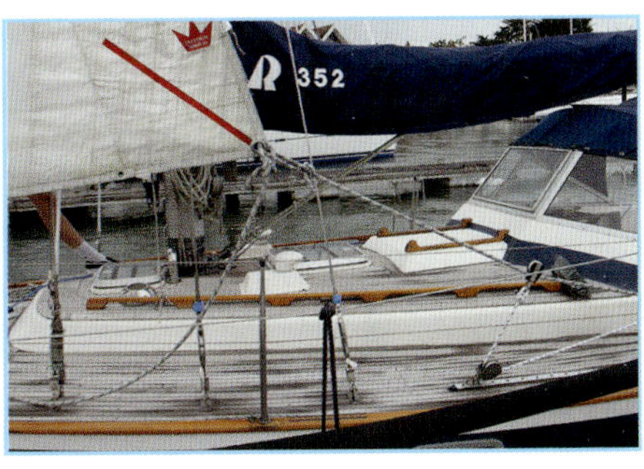

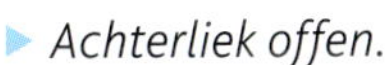
Achterliek offen.

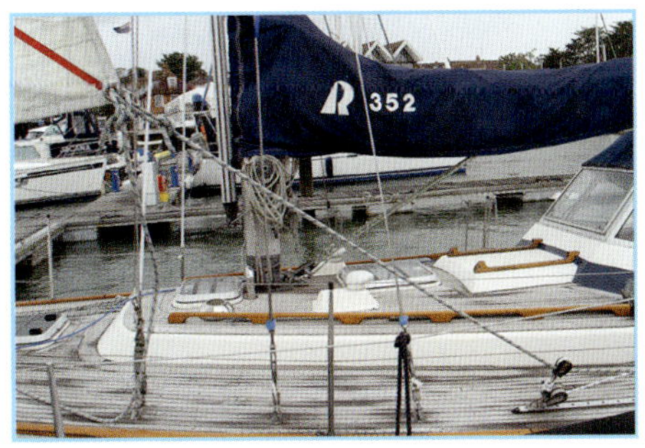

Achterliek geschlossen.

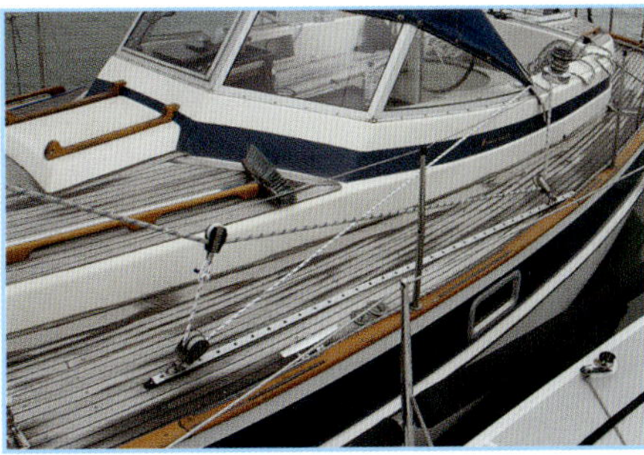

Die Leine wird zu einem Befestigungspunkt im Cockpit geführt. Die Schot läuft vom Block auf der Genuaschiene zur Winsch.

Falls man nicht genügend Blöcke in Reserve hat, kann man auch einen Karabiner verwenden, an den man eine dünne Dyneema-Leine befestigt. Diese Leine kann man durch einen Zwei-Scheiben-Block auf der Genuaschiene führen, anschließend zurück durch den Karabiner, nochmal durch den Block und dann weiter zum Cockpit.
So hat man die Untersetzung einer Talje. Die Schot wird einfach durch den Karabiner geführt.

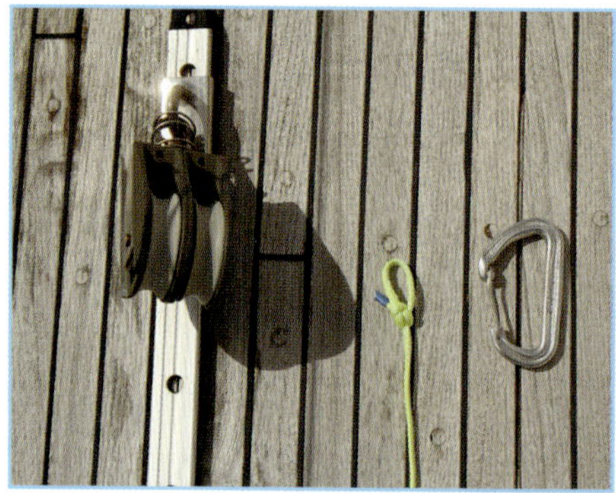

◀ *Karabiner und dünne Dyneema-Leine.*

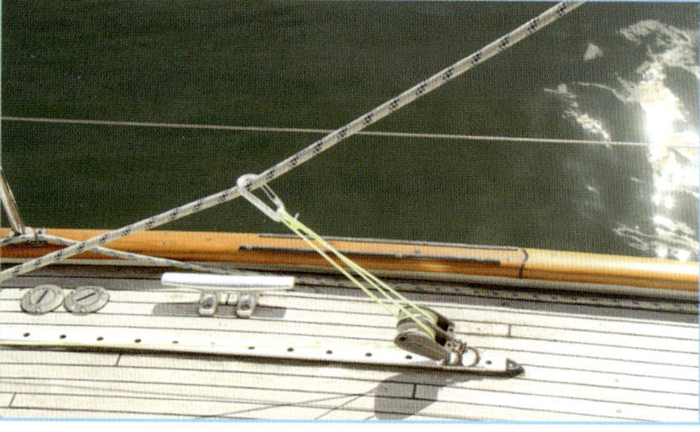

▶ *Die Schot wird durch den Karabiner und den hinteren Fußblock auf der Genuaschiene zur Cockpitwinsch geführt. Mit der dünnen Dyneema-Leine kann der Holepunkt verstellt werden.*

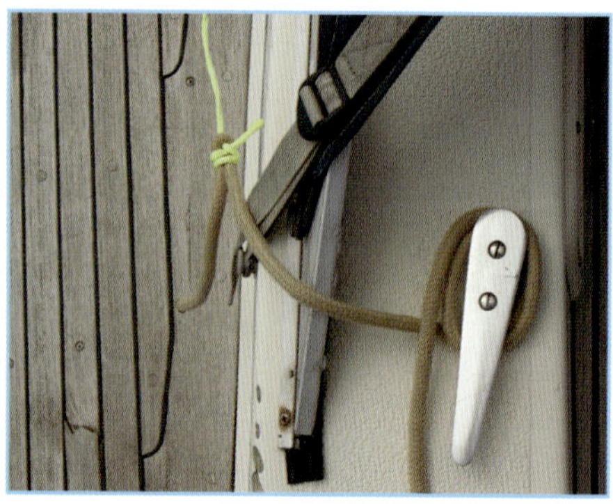

◀ *Verbinden Sie das Ende der Dyneema-Leine mit einer dickeren Leine, um sie besser handhaben zu können.*

42 Schot an der Winsch sichern

Wer besorgt ist, dass ein Crewmitglied das lose Ende der Schot im Vorbeigehen versehentlich von der selbstholenden Winsch ziehen könnte, sollte einen zusätzlichen Törn um die Winsch legen.

Die Schot ist im Selftailer der Winsch, dann wird noch ein zusätzlicher Törn gelegt.

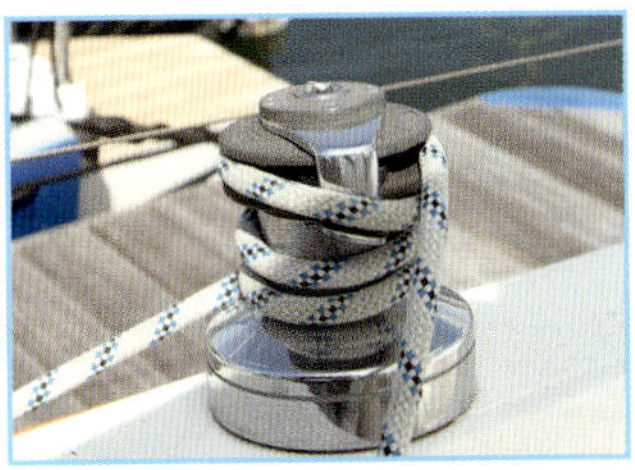

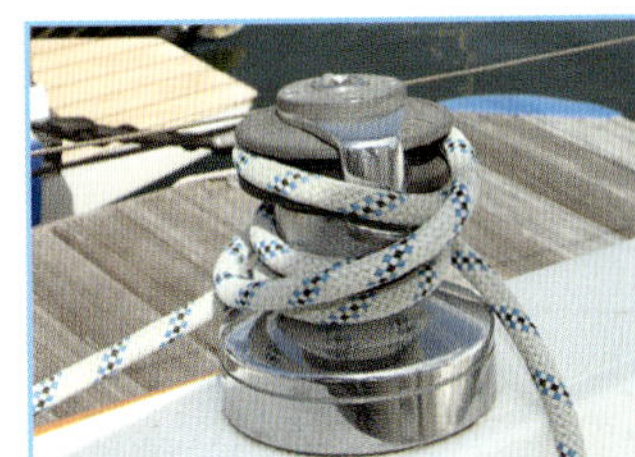

▸ *Schot auf der Winsch.* ▸▸ *Zusätzlicher Törn zur Sicherheit.*

43 Schot anschlagen

Wenn man die Vorsegelschoten mit Palsteks so am Schothorn festknotet, dass bei einer Wende deren glatte Seite an den Wanten vorbeigezogen wird, ist die Wahrscheinlichkeit geringer, mit der Schot hängenzubleiben.

Oder man schlauft eine durchgehende Schot mit einem Kuhstek am Schothorn ein. Diese Schlaufe hält und bietet nur wenig Angriffsfläche, die an Wanten und Stagen hängenbleiben könnte.

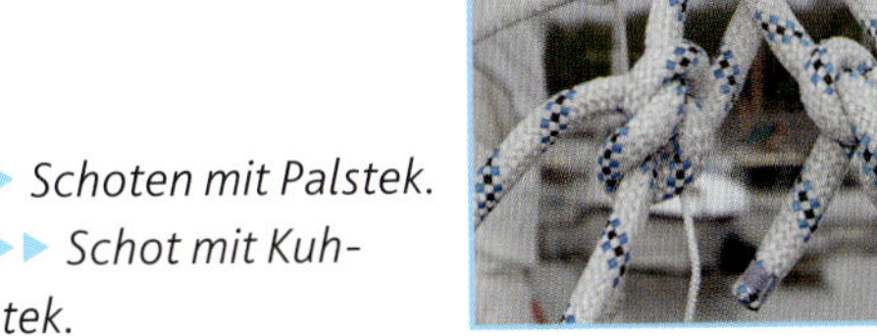

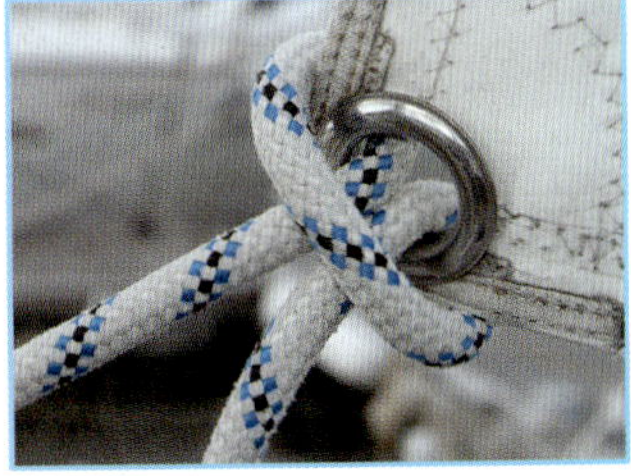

▸ *Schoten mit Palstek.* ▸▸ *Schot mit Kuhstek.*

44 Windfäden richtig lesen

Viele Segel haben nur einen Satz Windfäden auf halber Höhe des Segels. Man kann zusätzliche Windfäden im oberen und unteren Drittel anbringen. Sie sollten 20 cm hinter dem Vorliek positioniert werden.

Windfäden am Vorsegel – Amwindkurs

Wehen die Windfäden sowohl in Luv als auch in Lee waagerecht aus, ist der Trimm korrekt.

Steigt der Windfaden in Luv, segelt man zu hoch am Wind und muss abfallen oder die Schot dichter holen. Steigt dagegen der Windfaden in Lee, ist das Segel zu dicht geholt, und man muss anluven oder die Schot fieren.

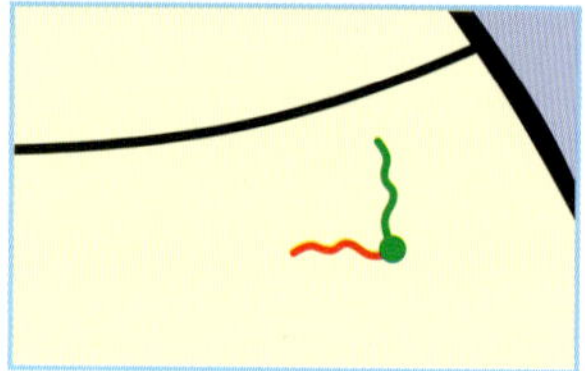

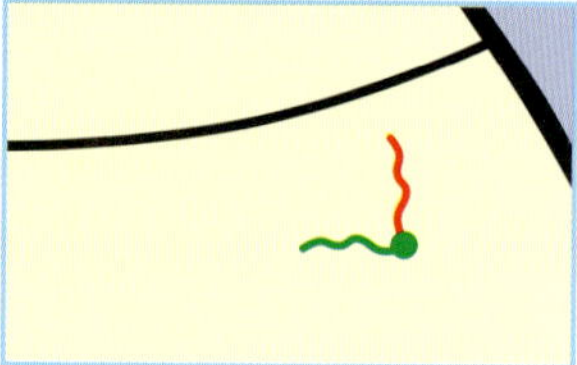

Erklärung:
Grüner Windfaden in Luv
Roter Windfaden in Lee

▲ *Linkes Bild: Der Windfaden in Luv steigt oder flattert, der Windfaden in Lee bleibt waagrecht. Man hat zu stark angeluvt und muss abfallen oder die Schot dichter holen. Rechtes Bild: Der Windfaden in Luv weht waagrecht aus, der Windfaden in Lee steigt. Man ist zu stark abgefallen und muss anluven oder die Schot fieren.*

Bei drei Windfäden je Seite gilt

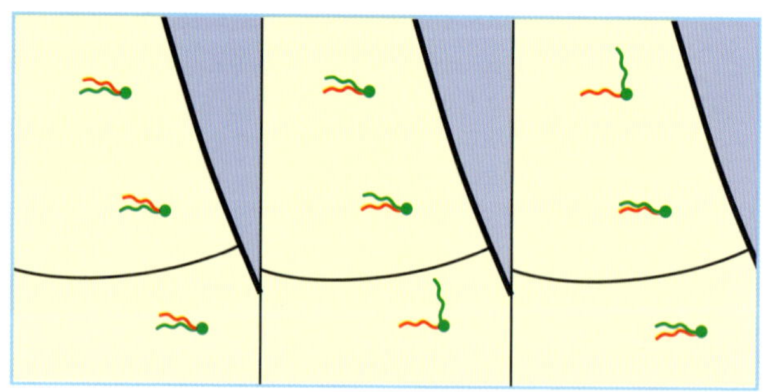

Erklärung:
Grüner Windfaden in Luv
Roter Windfaden in Lee

▲ *Linkes Bild: Perfekt. Mittleres Bild: Oberer und mittlerer Windfaden sind waagrecht, unterer Luv-Windfaden steigt. Schotholepunkt nach achtern verstellen, um Achterliek zu öffnen. Rechtes Bild: Unterer und mittlerer Windfaden sind waagrecht, oberer Luv-Windfaden steigt. Schotholepunkt nach vorn verstellen, um Achterliek zu schließen.*

Windfäden am Großsegel – Amwindkurs

Beim Großsegel sind die Windfäden am Achterliek angebracht.

Sie sollten ungefähr 80 % der Zeit auswehen und nur gelegentlich hinter das Achterliek klappen, solange der Niederholer durchgesetzt und die oberste Segellatte parallel zum Baum ist.

Am empfindlichsten reagiert in der Regel der oberste Windfaden.

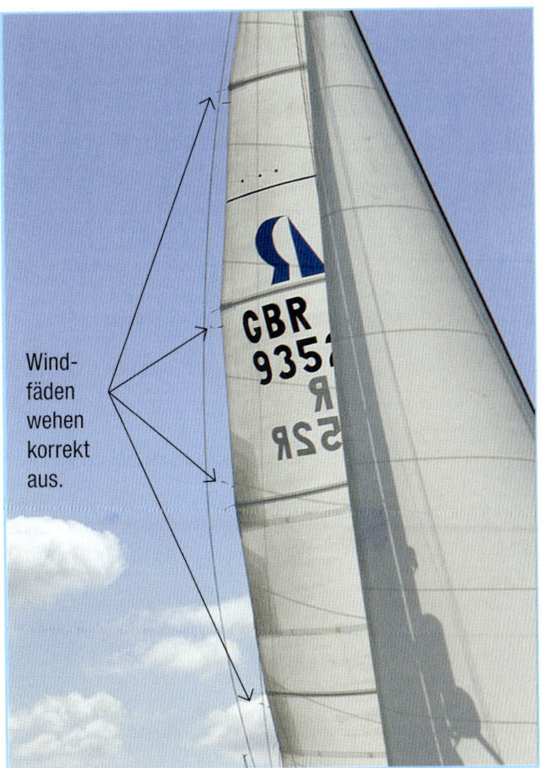

▸ *So sollte es sein.*

45 Bei schlagenden Segeln stimmt etwas nicht

Bei einem Segel, das im Wind schlägt und Lärm macht, ist selbstredend etwas nicht in Ordnung. Es muss korrekt getrimmt werden.

Eric Hiscock, einer der Altmeister des Fahrtensegelns in den 1950er, -60er und -70er-Jahren, sprach davon, die Segel ruhigzustellen. Sobald sie keinen Lärm machten, wusste er, dass sie so effizient wie möglich getrimmt waren. Meist zeigt das Achterliek des Vorsegels als Erstes an, dass mit dem Trimm der Segel etwas nicht stimmt.

Der Segeltrimm wird eingestellt durch:

1. Die Schot.
2. Die Position des Blocks auf der Genuaschiene – nach hinten, um das Segel flacher zu trimmen, nach vorn, um das Segel voller zu trimmen.
3. Spannung des Achterlieks.
4. Nicht zu vergessen: die Liekleine im Achterliek. Etwas mehr Spannung kann oft viel bewirken.

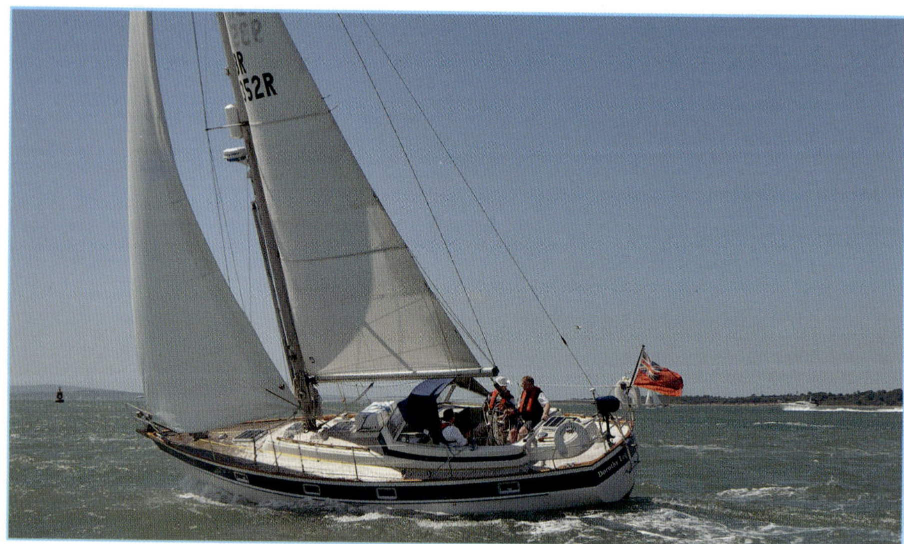

▲ *Ruhe im Rigg – nur das Rauschen des Wassers ist zu hören!*

46 Früh reffen

Sobald man auch nur ans Reffen denkt, sollte man es tun!

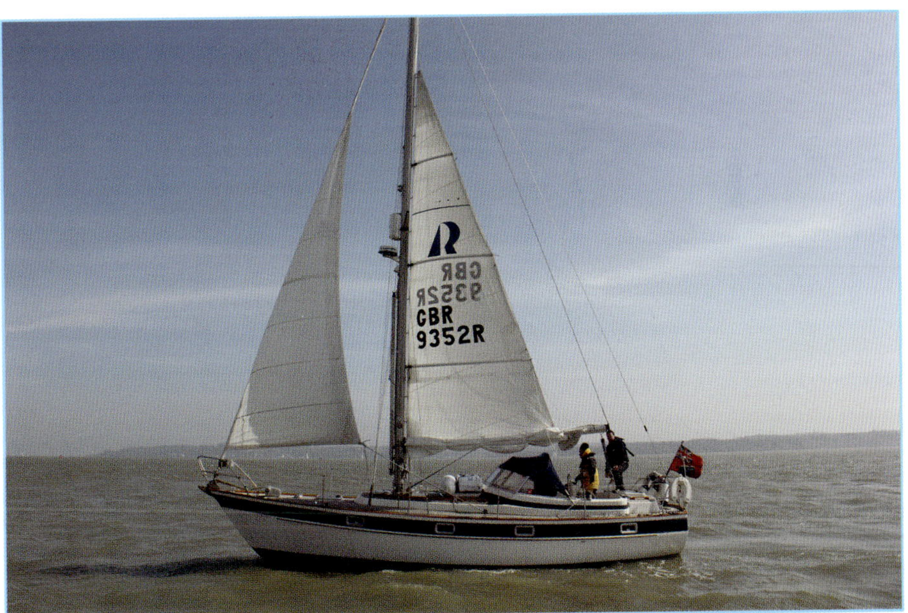

Das Reffen der Segel ist wie ein Gangwechsel im Auto. Man passt die Segelfläche der Windstärke an, um so aufrecht wie möglich zu segeln.

Wartet man mit dem Reffen zu lange, kann der Wind so stark werden, dass es nicht mehr so einfach ist, die Segelfläche zu verkleinern.

Reffen Sie deshalb frühzeitig.

Sie können ein Reff immer noch ausschütten, wenn der Wind doch nicht so stark wird wie gedacht.

47 Ein Netz für den Spinnaker

Damit sich der Spinnaker nicht versehentlich um das Vorstag wickelt, kann man ein Netz vorbereiten und über das Vorschiff setzen.

Dieses Netz besteht aus einer Leinenverspannung und wird an einem Reserve-Fall in den Mast gezogen. Dabei führt eine Leine vom Topp zum Mastfuß und eine andere Leine vom Topp zu einem Beschlag hinter dem Vorstag oder zur Refftrommel. Zwischen diesen Leinen sind weitere Leinen horizontal gespannt, um ein Netz zu bilden.

Das Netz verhindert, dass sich der Spinnaker in einer Patenthalse oder bei einem Sonnenschuss um das Vorstag wickelt. Allerdings muss es vor einer beabsichtigten Halse weggenommen werden, damit der Spibaum auf die andere Seite kommen kann.

Alternativ kann man das Vorsegel etwas ausrollen. Das beeinflusst zwar die Anströmung des Spinnakers, aber man kann das Vorsegel nur so weit ausrollen, dass ein guter Kompromiss aus Abschattung des Spinnakers und maximaler Sicherung gegen einen verwickelten Spi entsteht.

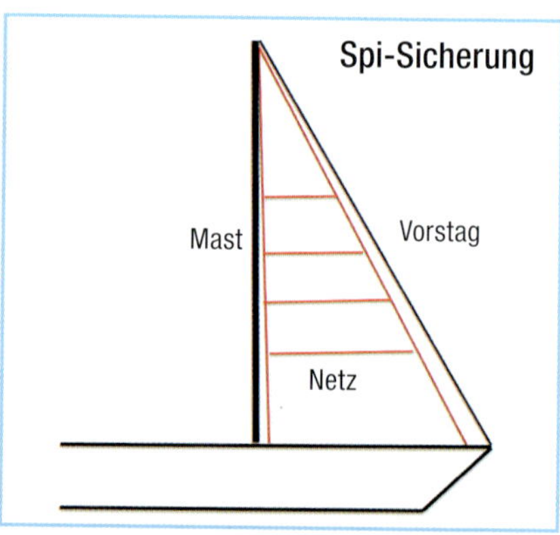

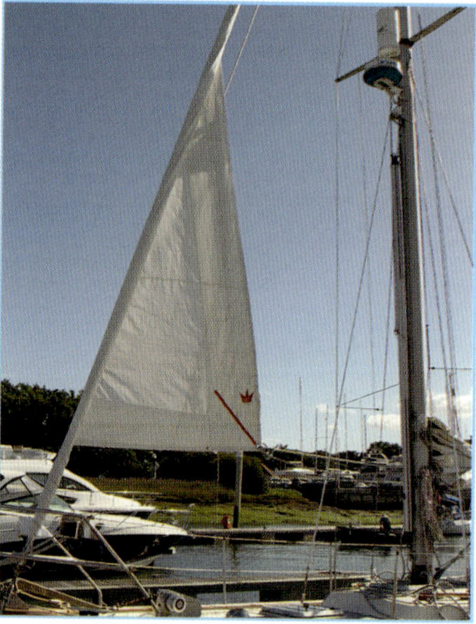

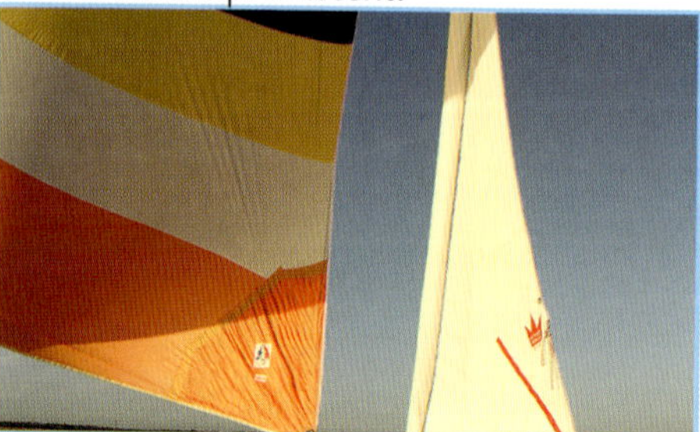

▲ *Rollen Sie das Vorsegel etwas ab, damit sic der Spi nicht um das Vorstag wickeln kann. Schoten Sie das Vorsegel mittig zum Mastfuß*

◀ *Unter Segel – wahrscheinlich sollte mehr Vorsegel ausgerollt sein, um eine Verwicklun zu verhindern.*

48 Stoppknoten

Traditionell wird ein Achtknoten in das Ende einer Schot geknotet, damit sie nicht durch den Schotblock ausrauschen kann.

Formen Sie mit der Leine ein Auge, führen Sie das lose Ende hinter der stehenden Part herum, und stecken Sie es von oben durch das Auge. Ziehen Sie den Achtknoten gut fest. Bei sehr steifen Leinen kann sich der Achtknoten allerdings von allein lösen. In diesem Fall ist ein Schauermannsknoten besser geeignet. Dabei beginnt man wie beim Achtknoten, führt das lose Ende aber zweimal um die stehende Part herum, bevor man es von oben durch das Auge steckt. Dieser Knoten löst sich nicht von allein.

Ein weiterer zuverlässiger Stoppknoten ist der doppelte Überhandknoten. Dafür formt man ein Auge und steckt das lose Ende wie bei einem gewöhnlichen Knoten durch das Auge. Bevor man den Knoten festzieht, wird das lose Ende jedoch noch ein zweites Mal durch das Auge gesteckt.

Ich löse die Achtknoten an meinen Schoten nach dem Segeln, aber das muss nicht unbedingt sein. Der Schauermannsknoten und der doppelte Überhandknoten können sich nach längerer Zeit allerdings so fest zuziehen, dass sie nur schwer gelöst werden können. Um das zu vermeiden, ist es wichtig, diese Knoten nach dem Segeln immer zu lösen.

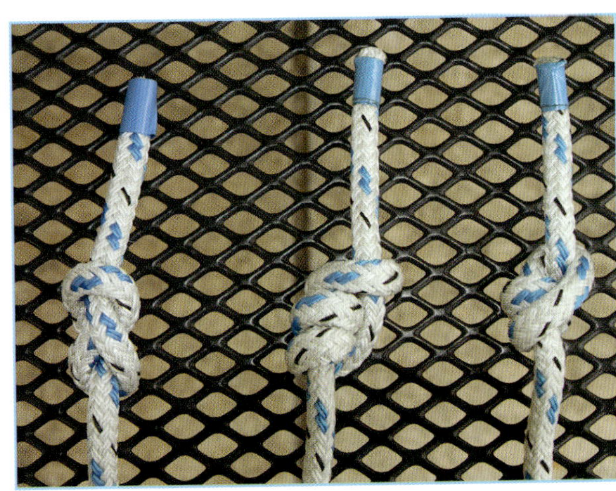

▶ *Achtknoten, Schauermannsknoten und doppelter Überhandknoten (v.l.n.r.).*

49 Backbord und Steuerbord markieren

Es hat noch nie geschadet, Steuerbord und Backbord seitlich am Baum zu markieren. Der Skipper wird eine solche Markierung nicht brauchen, aber für Crew-Neulinge kann sie eine Hilfe sein.

»Wer muss ausweichen«
»Äh ...«
»Was siehst du?«
»Ah, den roten Punkt.«
»Genau, also weht der Wind von ...?«
»Backbord?«
»Ganz genau.«

Zur Markierung kann man einen roten und einen grünen Punkt aufkleben oder entsprechend farbige Reffleinen verwenden. Hier hat die Reffleine an Steuerbord einen grünen Kennfaden und die an Backbord einen roten.

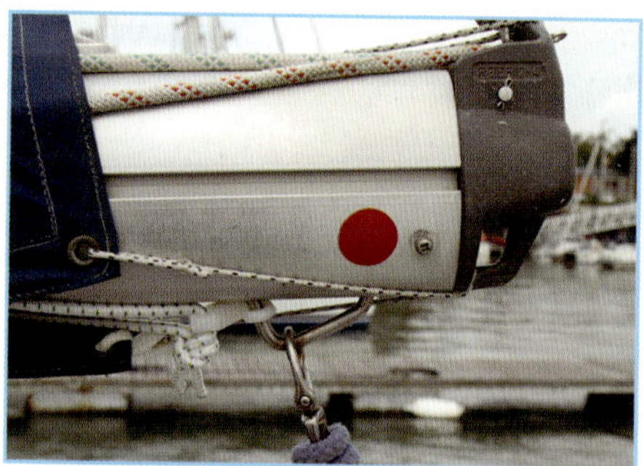

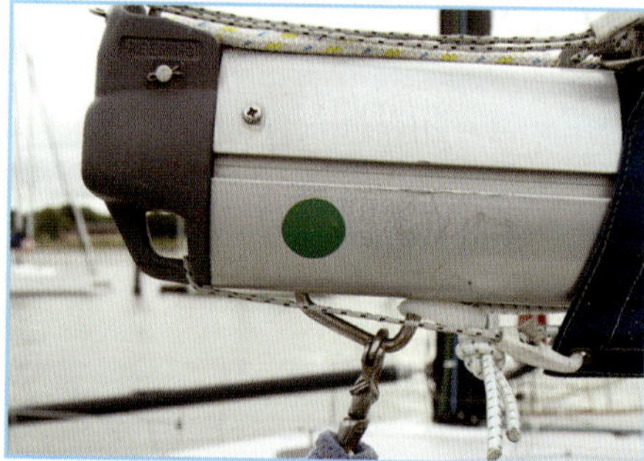

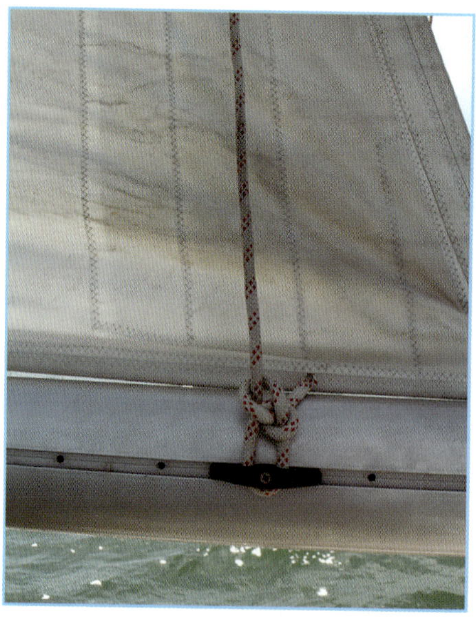

▲ *Rote Reffleine an Backbord.*

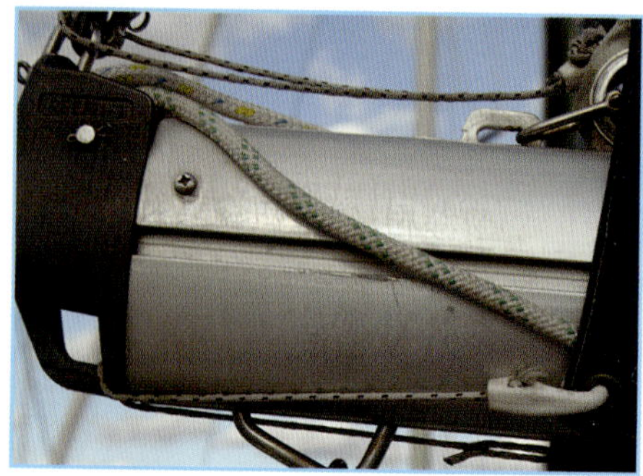

▲ *Grüne Reffleine an Steuerbord.*

50 Tauwerkschäkel

Tauwerkschäkel oder Softschäkel aus Dyneema sind unglaublich stark, gleichzeitig aber so weich, dass sie nichts zerkratzen können. Zudem sind sie leicht zu bedienen, da sie keinen Bolzen haben, der ins Wasser fallen kann, wenn man bei Seegang eine Talje für die Halsleine eines Segels am Bug anschlagen möchte.

Ich verwende Softschäkel wo immer möglich. Noch dazu kann man sie selbst machen! Das Auge ist einfach zu spleißen, nur der Diamantknoten kann einem einige Rätsel aufgeben. Im Internet findet man jedoch Anleitungen.

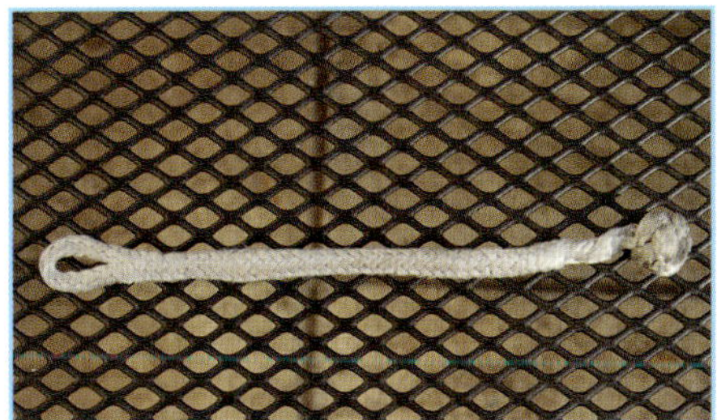

▲ *Tauwerkschäkel geöffnet.*

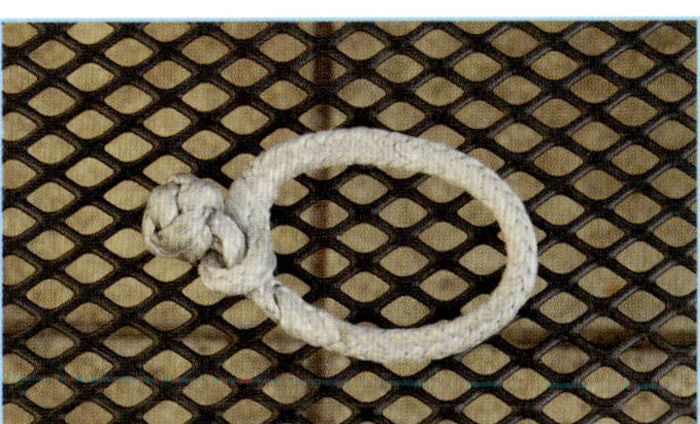

▲ *Tauwerkschäkel geschlossen.*

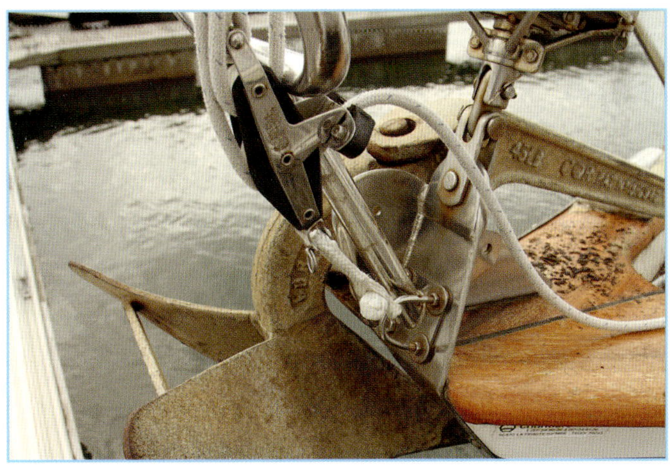

▲ *Tauwerkschäkel im Einsatz.*

51 Tonnen in Stromlee passieren

Bei starkem Gezeitenstrom sollte man an Seezeichen immer in Stromlee vorbeifahren. Wenn das einmal nicht möglich ist, sollte man so viel Abstand wie möglich halten, um nicht vom Strom gegen eine Tonne gedrückt zu werden.

Vergessen Sie dabei aber nicht, dass das Boot auch vom Wind gegen eine Tonne gedrückt werden kann. Überlegen Sie zu jeder Zeit, wie sie ausweichen können. Kommt es dennoch zu einer Kollision mit einer Tonne, wird es teuer. Ich spreche da aus Erfahrung.

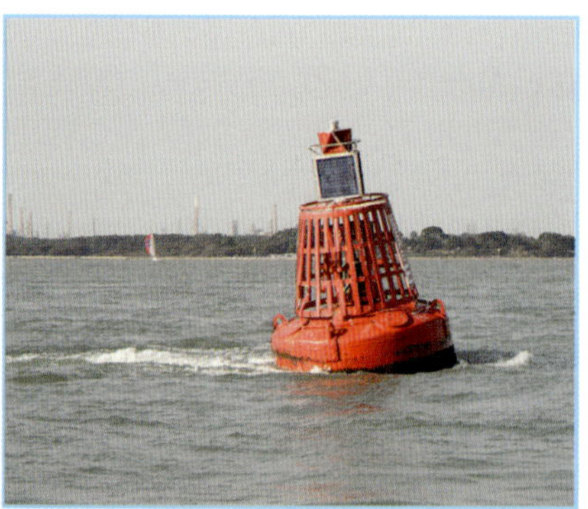

▲ *Beachten Sie den Strom an dieser Tonne.*

52 Der Autopilot ist ein wertvolles Crewmitglied

Mit einem Autopilot hat man praktisch einen weiteren Mitsegler an Bord. Besonders nützlich ist er für Einhandsegler, um das Cockpit verlassen und aufs Vordeck gelangen zu können.

Solange der Autopilot richtig eingestellt ist und mit ausreichend Strom versorgt wird, steuert er exakt und unermüdlich. Schalten Sie ihn jedoch in engen Fahrwassern aus, und lassen Sie ihn nie unbeaufsichtigt. Der Autopilot ist ein Assistenzsystem. Er ist nicht dafür geschaffen, den Steuermann zu ersetzen.

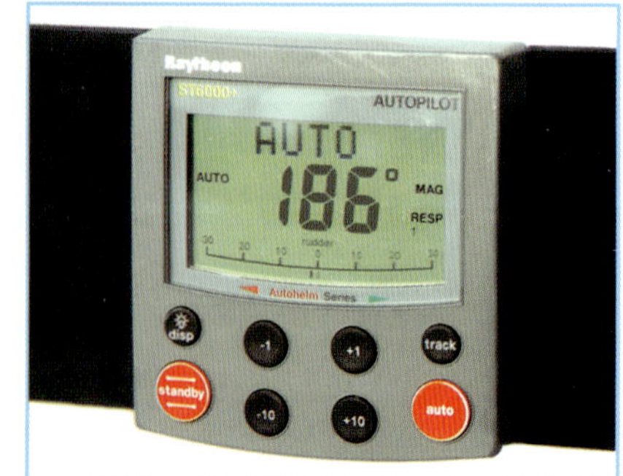

▲ *Missweisender Steuerkurs von 186°.*

53 Dem Kartenplotter nicht blindlings folgen

Halten Sie immer gehörigen Ausguck, und zwar mit jedem verfügbaren Mittel.

Lassen Sie sich von den Detailanzeigen des Kartenplotters nicht zu sehr vereinnahmen. Ein regelmäßiger Rundumblick ist unersetzlich. Auch von achtern könnte ein dicker Pott auftauchen. Seezeichen muss man auf dem Wasser und nicht nur am Bildschirm ausmachen. Folgen Sie dem Kartenplotter nicht blindlings, sondern überprüfen Sie, ob die angezeigte Route auch sicher ist.

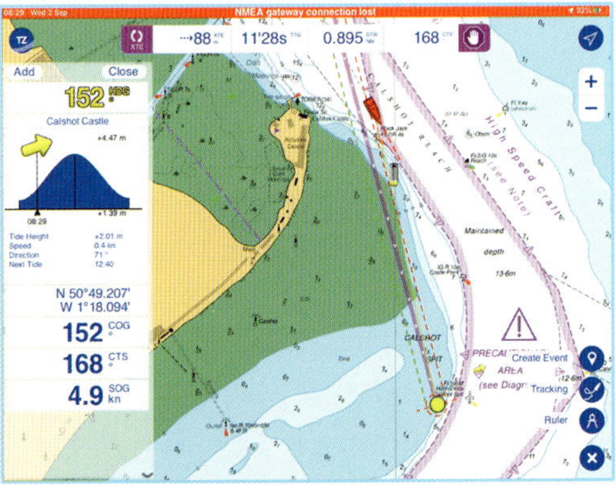

Achten Sie besonders bei Vektorkarten darauf, dass beim Herauszoomen nicht mehr alle Details angezeigt werden. Zoomen Sie so weit in die Karte, dass Sie alle Details erkennen und überprüfen können.

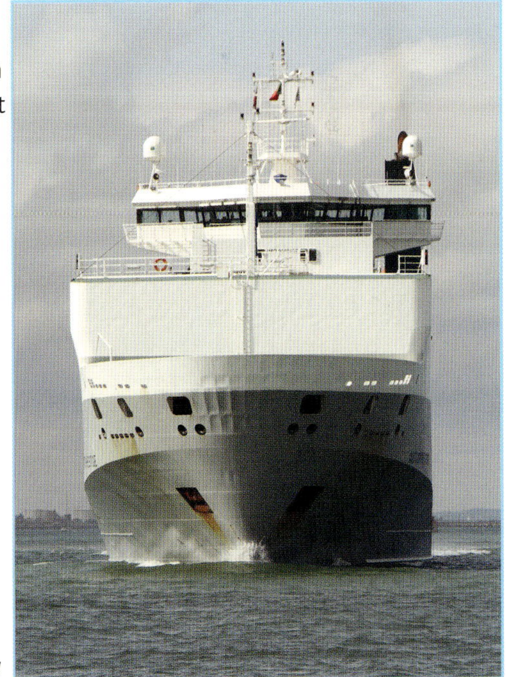

▸ *Hoppla!*

54 Die Eins-zu-sechzig-Regel

Die Eins-zu-sechzig-Regel kann unterschiedlich angewendet werden.

Kursabweichung

Bei einer Kursabweichung von 1° verfehlt man sein Ziel nach einer gesegelten Distanz von 60 Seemeilen um 1 Seemeile.

5° Kursabweichung führen nach 60 Seemeilen zu einer Querabweichung (XTE, Cross Track Error) von 5 Seemeilen. Liegt das Ziel 15 Seemeilen entfernt und weicht man um 5° vom direkten Kurs ab, verfehlt man das Ziel um 1,25 Seemeilen.

Ein Fehler beim Steuerkurs von 1° ist schnell passiert. Dazu genügt es schon, die Missweisung nicht korrekt zu berücksichtigen.

In der Nordsee entsteht dadurch ein Fehler von etwa 1°, an der US-Ostküste, wo die Missweisung ungefähr 12° beträgt, verfehlt man ein nur 10 Seemeilen entferntes Ziel um 2 Seemeilen, wenn man bei der Beschickung des Steuerkurses die Missweisung vergisst. Berechnung: 10 Seemeilen sind ein Sechstel von 60 Seemeilen. Bei 12° Kursabweichung beträgt die Querabweichung nach 60 Seemeilen 12 Seemeilen, und nach 10 Seemeilen ein Sechstel, also 2 Seemeilen.

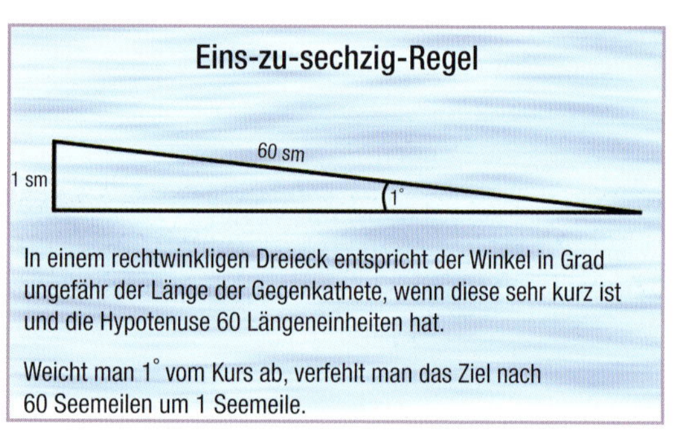

In einem rechtwinkligen Dreieck entspricht der Winkel in Grad ungefähr der Länge der Gegenkathete, wenn diese sehr kurz ist und die Hypotenuse 60 Längeneinheiten hat.

Weicht man 1° vom Kurs ab, verfehlt man das Ziel nach 60 Seemeilen um 1 Seemeile.

Achtung: Die Eins-zu-sechzig-Regel liefert ausschließlich Näherungswerte und gilt nur bei kleinen Winkeln.

Steuerkurs im Kopf berechnen

Um zu berechnen, um wie viel Grad man gegen einen quer zur Fahrtrichtung setzenden Gezeitenstrom vorhalten muss, um das Ziel auf direktem Kurs anzusteuern, kann die Eins-zu-sechzig-Regel wie folgt angewendet werden:

60 x Geschwindigkeit des Gezeitenstroms ÷ Bootsgeschwindigkeit = nötige Kurskorrektur

Setzt der Strom mit 2 Knoten quer zur Fahrtrichtung und beträgt die Bootsgeschwindigkeit 6 Knoten, so gilt: 60 x 2 ÷ 6 = 20

Der Kurs muss um 20° zum Gezeitenstrom hin geändert werden.

Setzt der Gezeitenstrom nicht genau rechtwinklig zum Kurs, verwendet man nur einen entsprechenden Prozentteil zur Kurskorrektur.

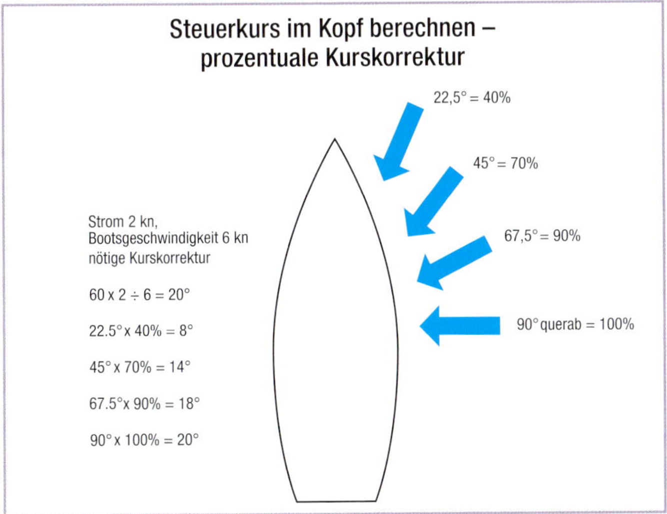

Ein weiteres Beispiel ...

Entfernung bestimmen

Wie weit ist die Küste oder ein Seezeichen entfernt? Nehmen Sie eine Kompasspeilung zu einem feststehenden Objekt, wenn es querab zum Kurs liegt. Angenommen, die Peilung beträgt 90°: Messen Sie die Zeit, bis sich die Peilung um den Betrag der Bootsgeschwindigkeit in Knoten geändert hat. Bei einer Bootsgeschwindigkeit von 6 Knoten muss die Zeit gemessen werden, bis sich die Peilung von 90° auf 96° geändert hat. Die Zeit in Minuten entspricht der Entfernung in Seemeilen.

Beträgt die gemessene Zeit beispielsweise 30 Sekunden, ist man 0,5 Seemeilen entfernt.

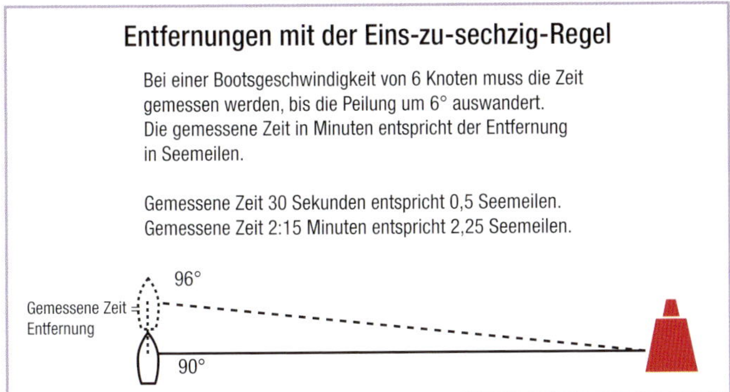

55 Kursänderung – Winkelmessung mit bloßer Hand

Für eine schnelle Abschätzung, um wie viel Grad man den Kurs ändern muss, um ein Kap zu passieren, kann man mit der Hand am ausgestreckten Arm peilen. Das geht schneller als die Berechnung auf der Papierseekarte oder am Kartenplotter.

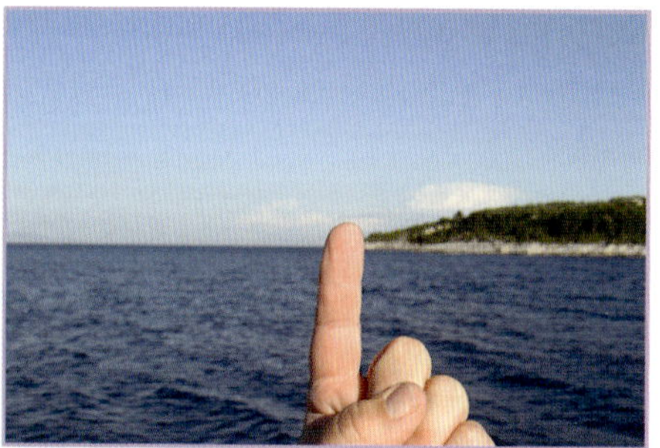

▲ *2°.*

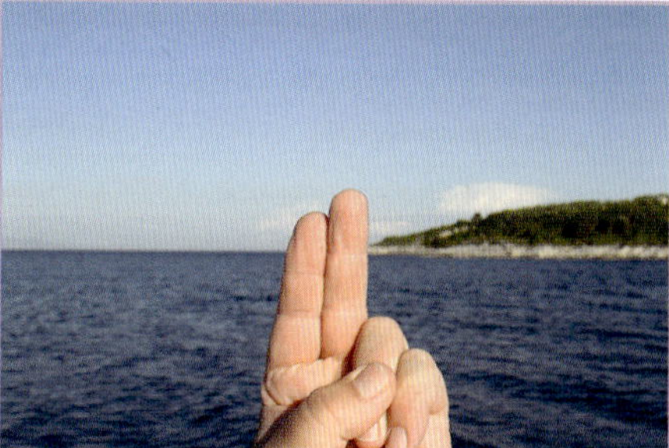

▲ *4°.*

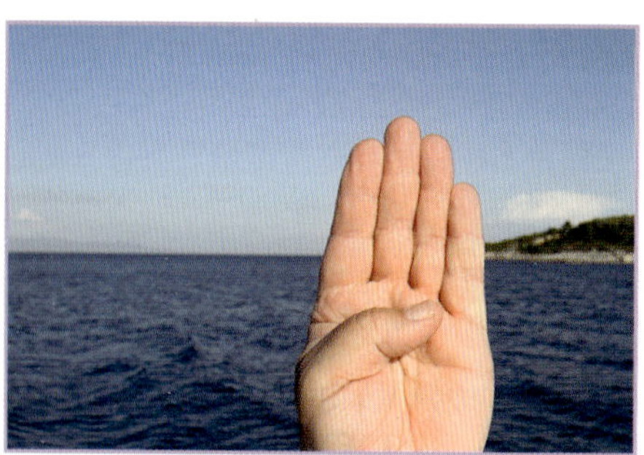

▲ *8°.*

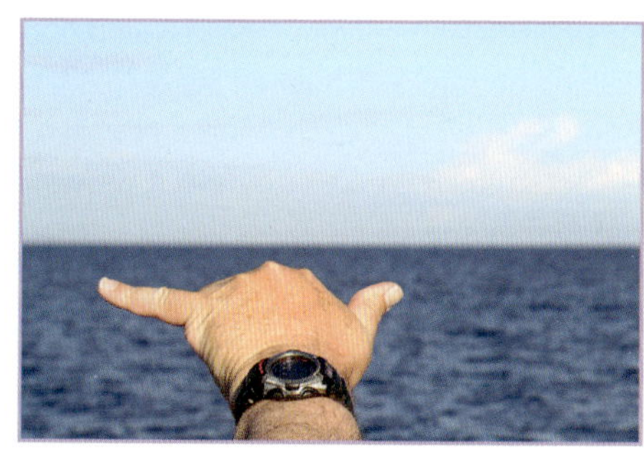

▲ *20°.*

56 Mit dem Kartenplotter die Layline bestimmen

Hier segelt das Boot mit Wind von Steuerbord. Man möchte wissen, wann die Layline erreicht ist, um die West-Kardinaltonne im sicheren Abstand nordwestlich zu erreichen. Dazu wurde dort der Wegepunkt WP0001 als Ziel platziert.

Der rechtweisende Steuerkurs beträgt 315°, der rechtweisende Kurs über Grund beträgt 295°, das heißt, dass das Boot mit einer Abdrift von 20° durch Wind und Strom segelt.

Der Wendewinkel beträgt 90°*. Der Steuerkurs nach der Wende berechnet sich also aus 315° + 90° = 45° (315 + 90 = 405 abzüglich 360 = 45), aber es muss noch die Abdrift von 20° dazugezählt werden, um den neuen Kurs über Grund und damit die Layline mit 065° zu bestimmen.

Man wird also auf einen rechtweisenden Steuerkurs von 045° wenden, sobald der Wegepunkt rechtweisend 065° peilt, um ihn auf direktem Kurs zu erreichen.

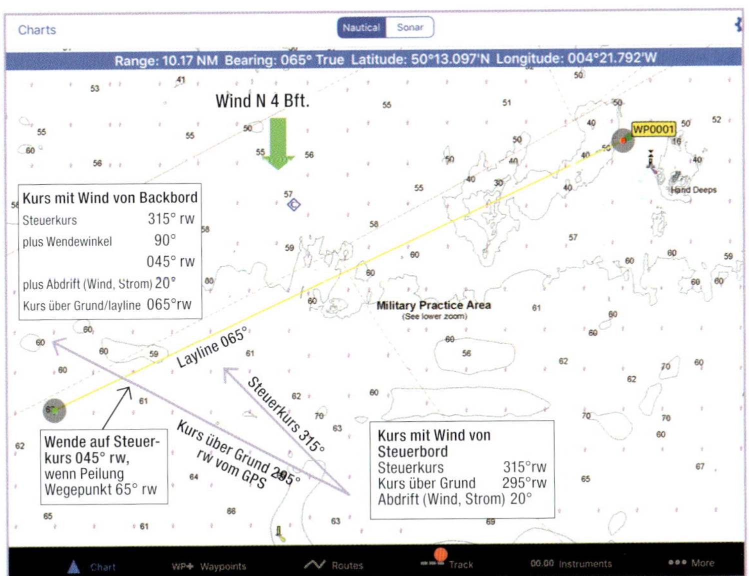

▲ *Wann kann man wenden?*

* Hier wurde ein Wendewinkel von 90° veranschlagt. Bei einem Boot mit einem Wendewinkel von beispielsweise 100° würde der Steuerkurs nach der Wende 055° rw und der Kurs über Grund entsprechend 075° rw betragen.

57 Deviation durch die Brille

Meist entfernt man sich extra von metallenen Gegenständen, um eine mögliche Deviation bei Verwendung des Handpeilkompasses zu vermeiden. Dabei wird aber oft übersehen, dass auch Metallteile in der Brille oder Sonnenbrille zu Ablenkungen führen können. Überprüfen Sie das in der Praxis!

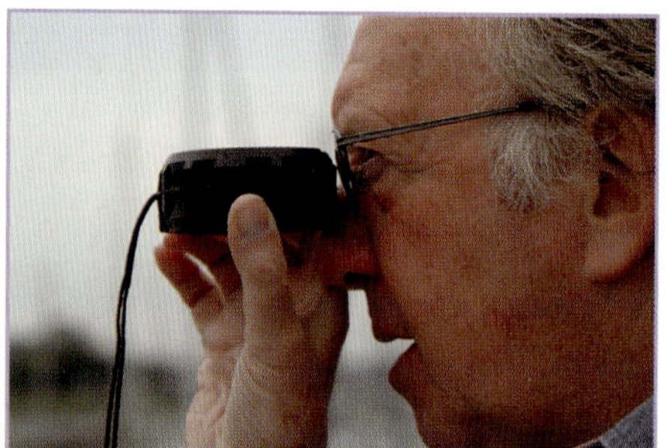

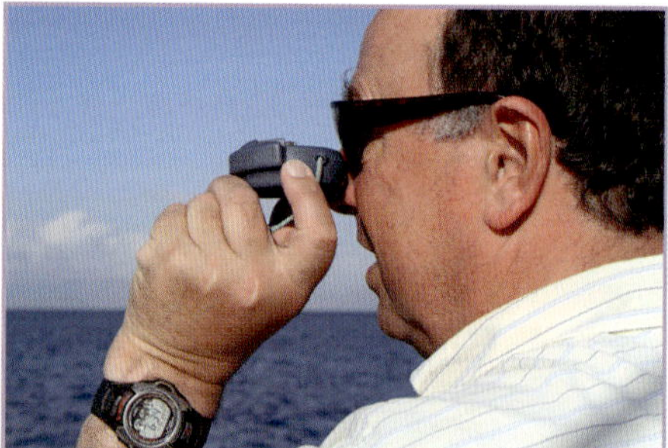

▲ *Eine Brille kann zu Ablenkungen am Handpeilkompass führen.*

58 Nachlassende Sehkraft? Extra starke Lesebrille statt Lupe

Es ist schon schwer genug, alle Details in der Seekarte zu erkennen, umso mehr bei schwachem Licht und nachlassender Sehkraft.

Bei der Kartenarbeit verwende ich Lesebrillen mit einer höheren Dioptrienzahl, als ich eigentlich benötige. Bei kurzzeitiger Verwendung schaden sie den Augen nicht und haben gegenüber einer Lupe den Vorteil, dass beide Hände für die Arbeit in der Karte frei bleiben.

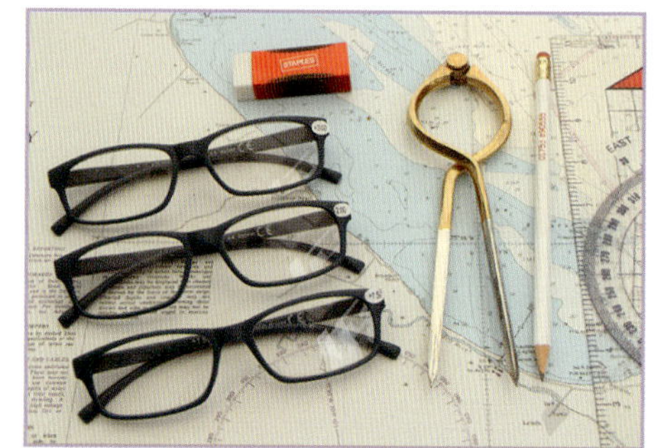

▲ *Mein persönliches Arsenal an stark vergrößernd wirkenden Lesebrillen.*

59 Darstellung der Flachwasserzonen im Kartenplotter anpassen

Flachwasserzonen werden auf elektronischen Seekarten farblich unterschiedlich dargestellt, um den Skipper vor geringen Wassertiefen zu warnen.

Bei einer Rasterkarte kann die Darstellung nicht verändert werden und wie folgt aussehen:

▶ *Karte 1: Flachwasserzonen in unterschiedlichen Farben, mittleres Blau für Tiefen von 0–5 Meter, hellblau für 5–10 Meter, weiß für Tiefen über 10 Meter, grün für trockenfallende Höhen.*

Bei Vektorkarten kann es so aussehen:
▶ *Karte 2: dunkelblau für Tiefen von 0–2 Meter, mittleres Blau für 2–5 Meter, hellblau für 5–10 Meter, weiß für Tiefen über 10 Meter, grün für trockenfallende Höhen.*

Karte 3: Hier wurde das mittlere Blau entfernt. Dunkelblau zeigt Tiefen unter 2 Meter und hellblau Tiefen von 2–10 Meter.

Karte 4: dunkelblau für Tiefen unter 5 Meter. Hier kann der Skipper als einfache Anweisung ausgeben, nicht in den dunkelblauen Bereich zu segeln. Das ist eine grafisch sehr deutliche Abgrenzung.

Natürlich darf dabei nicht vernachlässigt werden, die Tiefenangaben auch in der Papierseekarte zu kontrollieren, dabei das Seekartennull zu beachten, dann die Höhe der Gezeit zu addieren, um die aktuelle Wassertiefe zu erhalten, und diese Tiefe mit der Anzeige des Echolots zu vergleichen.

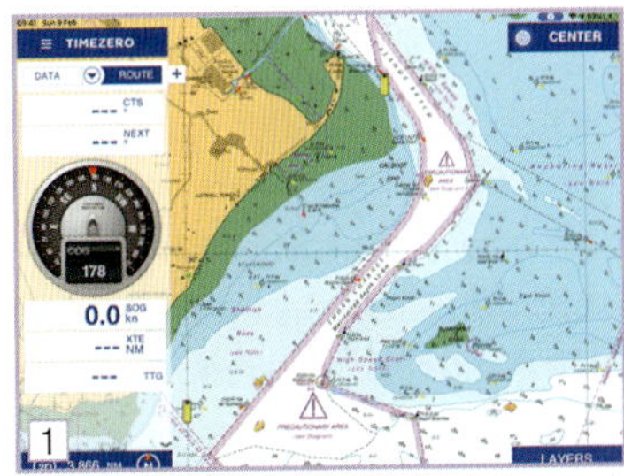

1

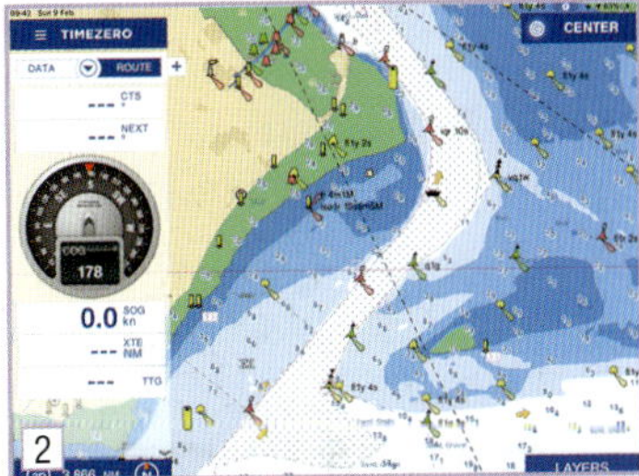

2

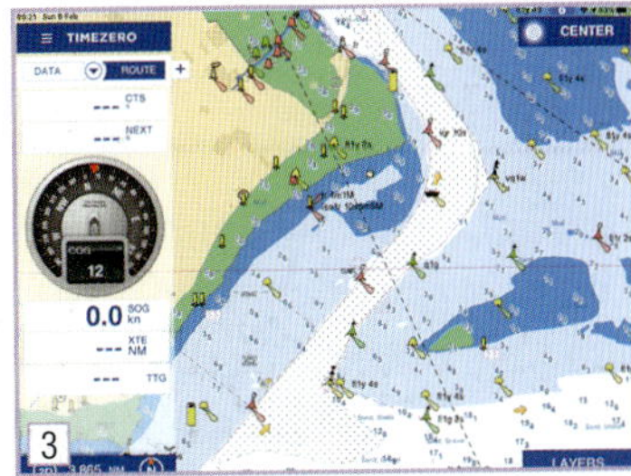

3

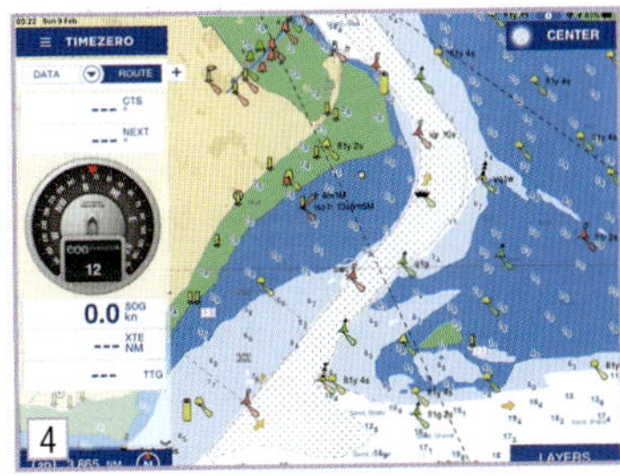

4

60 Laminierfolien verwenden

Es muss nicht alles digital sein ...

Gibt es einen Vordruck, den Sie regelmäßig verwenden? Früher war das typischerweise die Tidenkurve eines Hafens. Heute geht es leichter und schneller mit einer Gezeiten-App. Aber bei der Übersicht zu einem Törnplan oder einer komplizierten Ansteuerung ist es oft praktischer, die Eckdaten auf einem Blatt Papier zu notieren. Am besten schweißt man das Blatt in mattierte Plastikfolie ein und verwendet einen Bleistift für Notizen. Diese können später von der wasserfesten Laminierfolie radiert und das Blatt immer wieder neu verwendet werden. Selbst ein leeres Blatt Papier kann praktisch sein, um Peilungen, Kurse und Notizen festzuhalten.

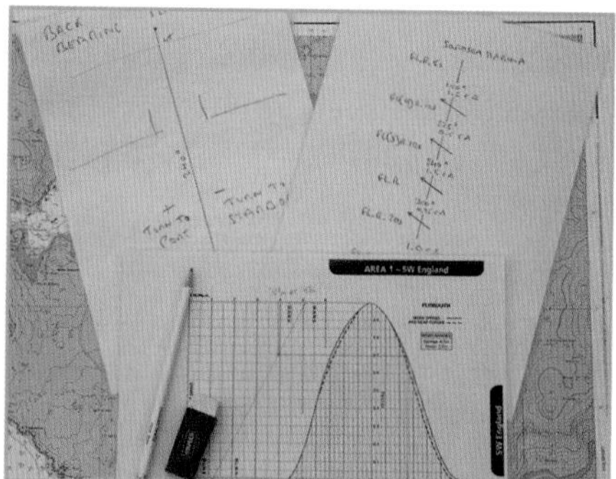

61 Peilungen als Begrenzungslinien

Obwohl es am Kartenplotter gut genug möglich ist, jederzeit die eigene Position zu sehen, sind zuvor festgelegte Peillinien sehr nützlich. Tatsächlich kann ich persönlich meine Fahrt und die Lage von Gefahrenstellen dadurch schneller überwachen als mit dem Kartenplotter.

Peillinien verwendet man als Abgrenzung zu Untiefen oder anderen Gefahrenstellen. Dadurch entstehen Sektoren, in denen man sicher bis zum Zielpunkt gelangt. Suchen Sie eine gut identifizierbare Peilmarke am Zielpunkt. Zeichnen Sie davon ausgehend zwei Peillinien so in die Karte, dass alle Gefahrenstellen außerhalb dieser Linien liegen. Bestimmen Sie die rechtweisenden Peilungen dieser Linien, und wandeln Sie sie in Kompasspeilungen um, indem Sie die Missweisung und die Deviation berücksichtigen. Jetzt können Sie durch Peilungen am Steuerkompass überprüfen, ob Sie sich im sicheren Sektor befinden.

Notieren Sie für die Crew oder den Rudergänger:

- Kompasspeilung der Begrenzungslinie an Backbord. Solange die Peilung zum Zielpunkt geringer ausfällt, ist man auf der sicheren Seite. Beim Erreichen der Begrenzungslinie muss nach Steuerbord gewendet werden.
- Kompasspeilung der Begrenzungslinie an Steuerbord. Solange die Peilung zum Zielpunkt größer ausfällt, ist man auf der sicheren Seite. Beim Erreichen der Begrenzungslinie muss nach Backbord gewendet werden.
- Mit einer einfachen Skizze weiß jeder an Bord, was zu tun ist.

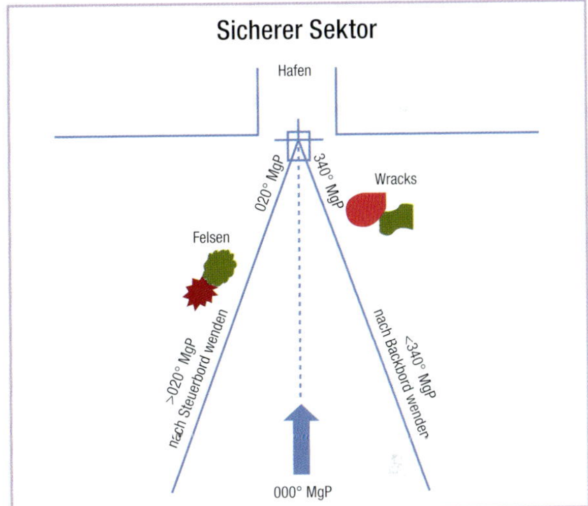

▼ *Ein Beispiel aus der Praxis.*

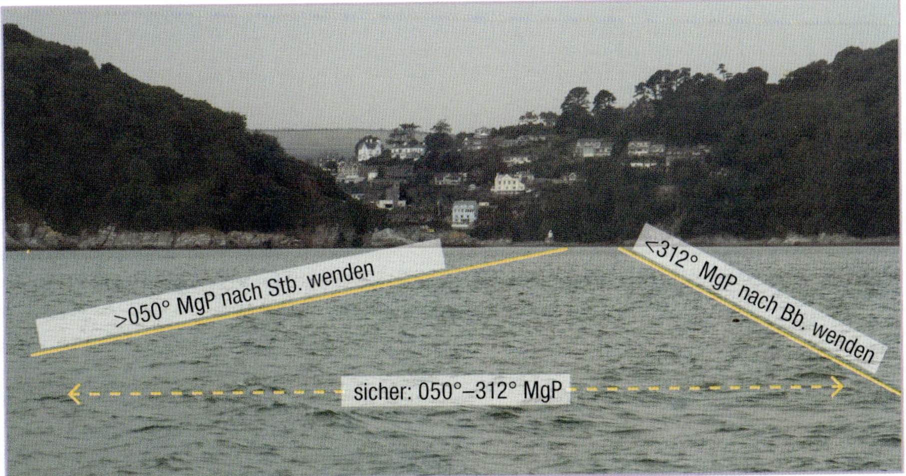

62 Peilung voraus und achteraus

Ändert sich die Peilung zum Zielpunkt, kann es verwirrend sein, zu welcher Seite der Kurs korrigiert werden muss.

Machen Sie eine Skizze

Notieren Sie die Peilungen als missweisende Peilungen, damit sie mit dem Handpeilkompass übereinstimmen. Stellen Sie die Anzeige am Kartenplotter ebenfalls auf missweisend um, damit Sie alle Werte in der Skizze, am Handpeilkompass und am Kartenplotter direkt vergleichen können.

▶ *Ändern Sie bei zunehmender Peilung den Kurs nach Steuerbord, bei abnehmender Peilung nach Backbord.*

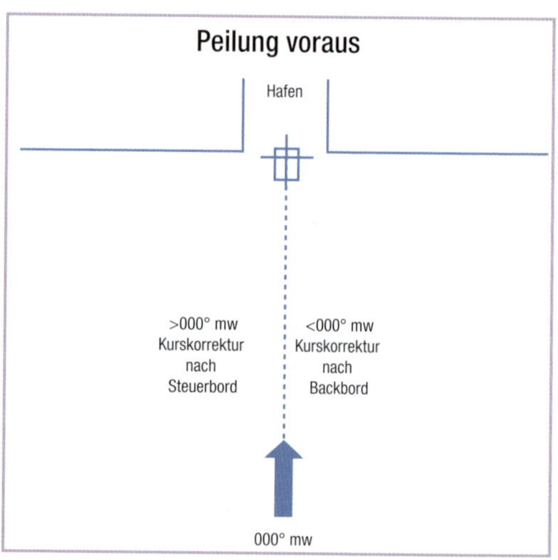

Manchmal ist der Zielpunkt für eine Peilung zu weit entfernt. Dann kann man eine Peilung achteraus zum Abfahrtspunkt nehmen, um auf direktem Kurs zu bleiben. Ändert sich die Peilung nach achtern, ist es noch verwirrender festzustellen, zu welcher Seite der Kurs korrigiert werden muss. Auch dabei hilft eine Skizze.

▶ *Nimmt die Peilung zu, nach Bb korrigieren, nimmt sie ab, nach Stb.*

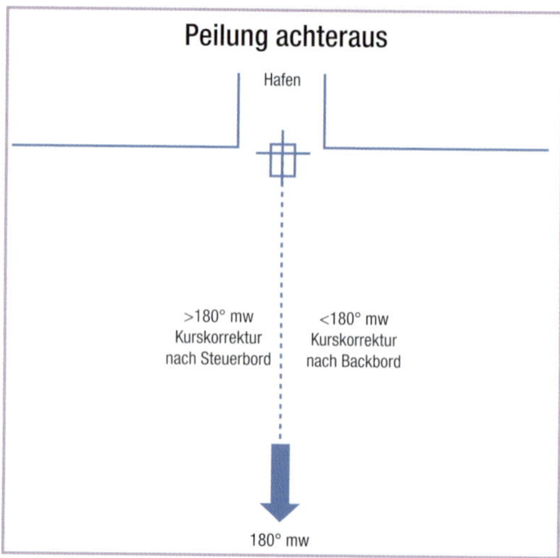

63 Wie man nachts den Fischer-Bojen ausweichen kann

In Schifffahrtsstraßen und betonnten Fahrwassern darf man die Berufsschifffahrt nicht behindern, da sie auf diese Fahrwasser angewiesen ist.

Tagsüber hält man sich daher meist außerhalb der Betonnung. Dort sieht man oft Bojen der Fischer. Um nachts mit diesen Markierungen nicht zu kollidieren, kann man durchaus auch innerhalb eines Fahrwassers bleiben, solange man den Schiffsverkehr nicht behindert. Innerhalb der betonnten Fahrwasser wird kein Fischer seine Netze, Reusen oder Markierungen ausbringen. Halten Sie aber gut Ausschau, und weichen Sie der Berufsschifffahrt rechtzeitig aus.

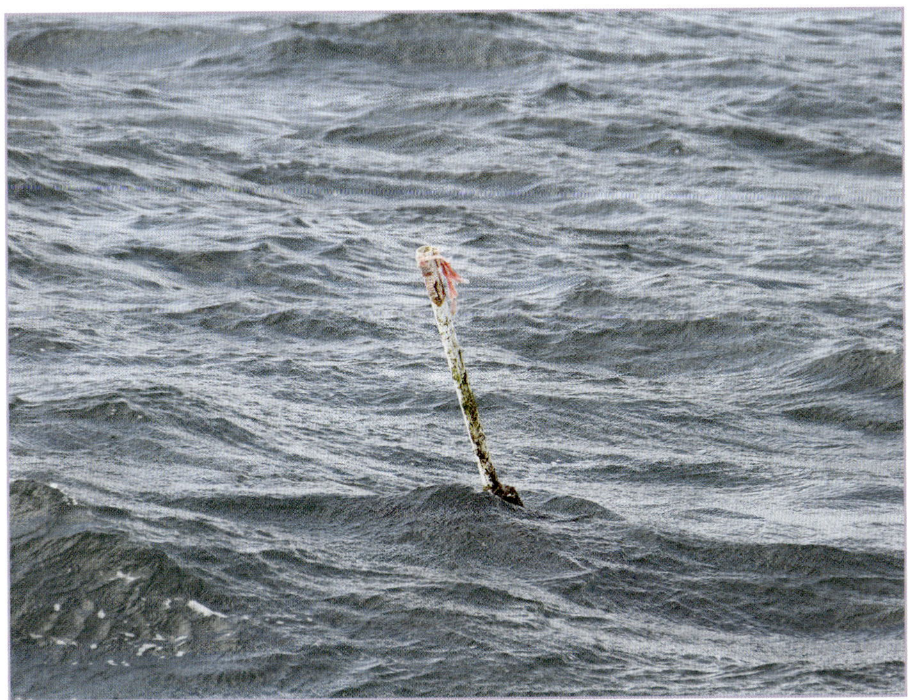

▲ *Die Fahne dieser Fischer-Boje ist abgegangen, und man hat Glück, die Markierung überhaupt zu sehen. Oft wird sogar nur ein Plastikkanister verwendet.*

64 Sicherheitsausrüstung pfleglich behandeln

Damit es im Ernstfall keine bösen Überraschungen gibt.

Lassen Sie Rettungsringe, Markierungsbojen und Seenotlichter nicht ungeschützt an der Reling, sondern stauen Sie sie unter Deck, wenn Sie von Bord gehen. Dort sind sie sicher und trocken sowie vor vorzeitiger Verwitterung durch UV-Strahlung geschützt.

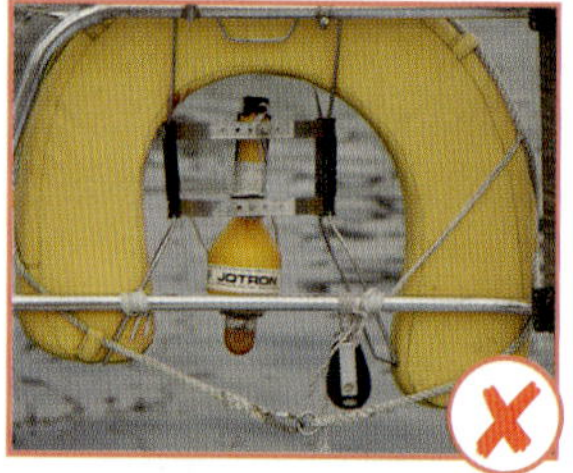

▲ *Wasser im Seenotlicht.*

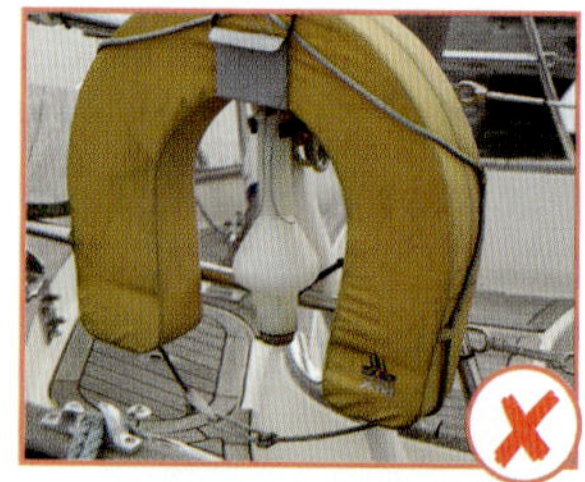

▲ *Seenotlicht ohne Kappe.*

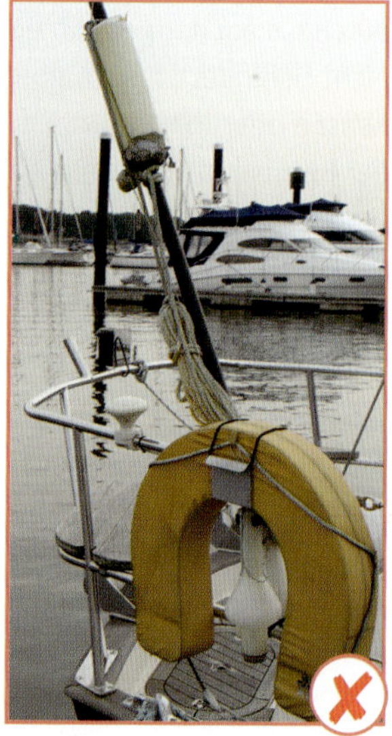

▲ *Gebrochene Markierungsboje.*

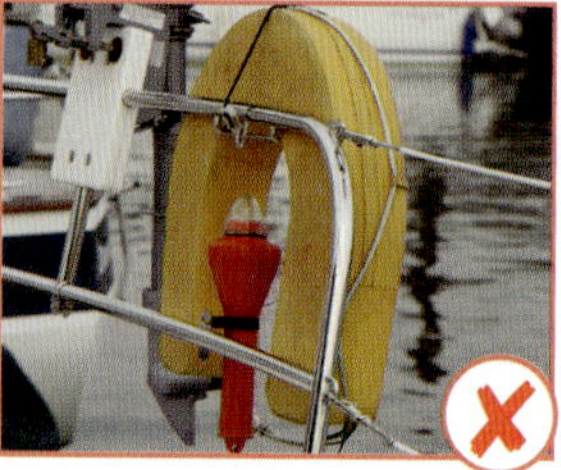

▲ *Seenotlicht aufrecht gestaut – die Batterien dürften bereits leer sein.*

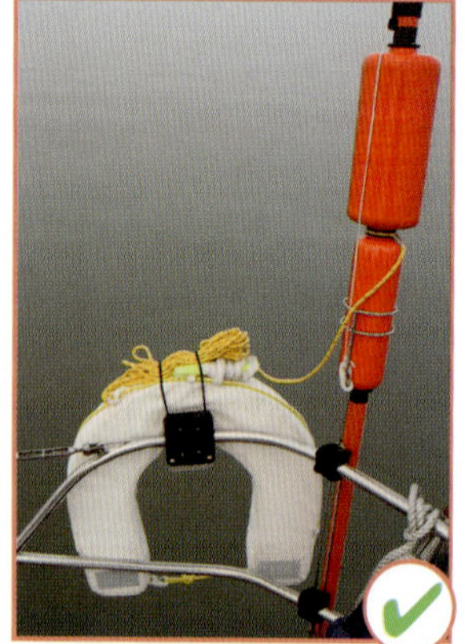

▲ *Immer unter Deck gestaut, wenn nicht auf See, und zwölf Jahre alt.*

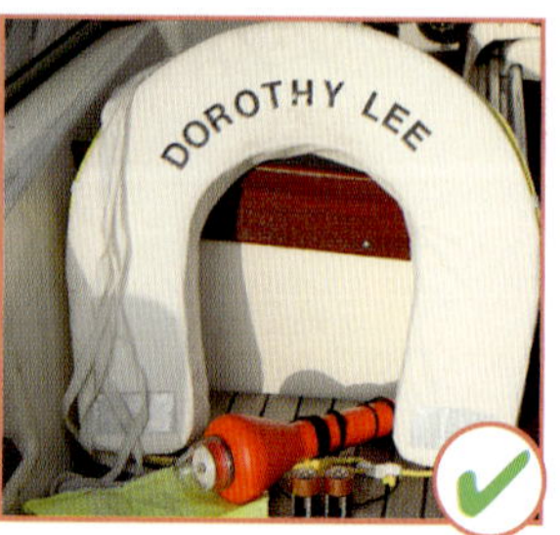

◀ *Nur bei Nachtfahrt an Deck, sonst ohne Batterien unter Deck.*

65 Braucht man wirklich eine Sechs-Personen-Rettungsinsel?

Viele Segler sind mit kleiner Crew unterwegs oder haben nur hin und wieder ein oder zwei Gäste an Bord. Dennoch investieren viele in eine Sechs-Personen-Rettungsinsel.

Wozu?

Eine Vier-Personen-Rettungsinsel würde genügen und ist zudem sowohl bei der Anschaffung als auch bei der Wartung günstiger.

Benötigt man überhaupt eine eigene Rettungsinsel?

Es könnte günstiger sein, eine Rettungsinsel zu mieten.

Ich persönlich habe keine eigene Rettungsinsel, sondern miete eine, wenn ich sie brauche. Überlegen Sie, wie oft Sie eine Rettungsinsel wirklich brauchen.

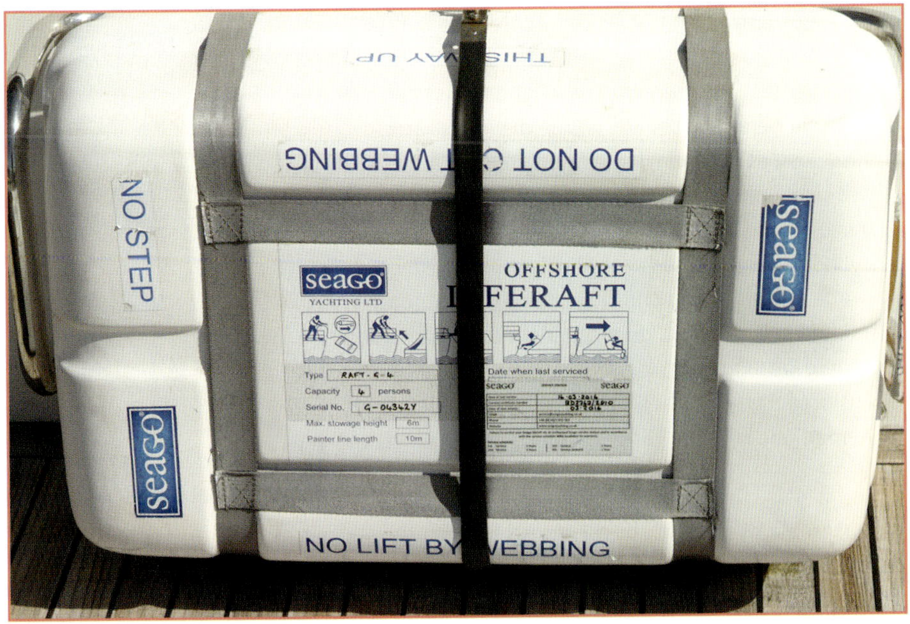

▲ *Vier-Personen-Rettungsinsel auf einer 40-Fuß-Motoryacht.*

66 Service und Wartung der Sicherheitsausrüstung

Rettungswesten müssen regelmäßig gewartet werden.

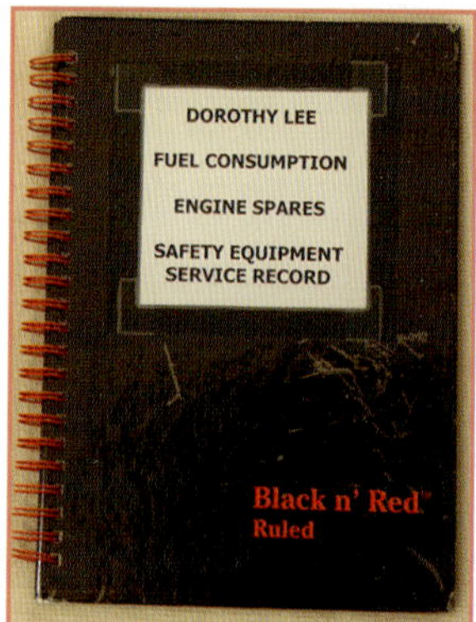

▲ *Führen Sie ein Wartungsbuch*

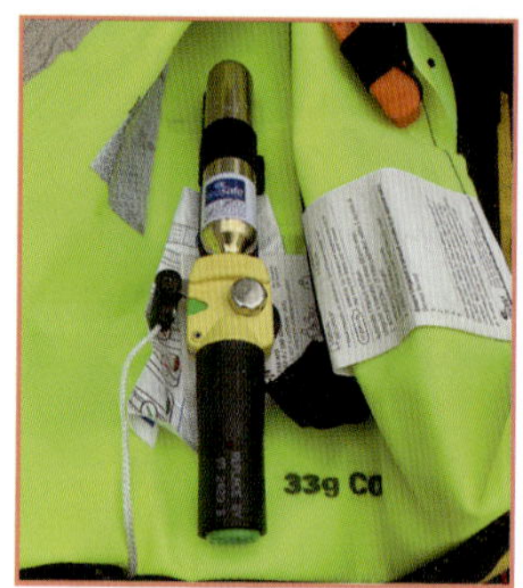

▲ *Zylinder in Ordnung, Ablaufdatum 04/2021.*

- **Zusätzlich können Sie selbst überprüfen:**
  - Zustand des Auftriebskörpers – keine Verfärbungen durch korrodierte Metallteile.
  - Äußerer Zustand des Zylinders – Anzeichen von Korrosion? Das Gewicht kann regelmäßig überprüft werden, um auf die Füllung zu schließen.
  - Die Automatik

    Hammar-Auslöser: Ein grüner Punkt zeigt an, dass der Auslöser bereit ist, ein roter Punkt bedeutet, dass die Automatik ausgelöst wurde. Achten Sie auf das Ablaufdatum.

    UML-Sensor: Die grüne Kappe zeigt an, dass der Auslöser bereit ist, bei Rot wurde die Automatik ausgelöst, es sei denn, die grüne Kappe ist abgefallen, was passieren kann. Achten Sie auf das Ablaufdatum.

    Halkey-Roberts-Auslöser: Grün am unteren Ende des Zylinders zeigt an, dass der Auslöser bereit ist, bei Rot wurde er ausgelöst. Achten Sie auf das Ablaufdatum an dem gelben Kranz, dem sogenannten Super Bobbin.

    Andere Rettungswesten haben Tabletten in der Auslöseautomatik. Diese können ebenfalls überprüft werden und müssen vor dem Ablaufdatum ersetzt werden.

- **Blasen Sie den Auftriebskörper an seinem Schlauchstück mit dem Mund** oder einer Handpumpe auf, und lassen Sie ihn über Nacht liegen, um ihn auf Dichtheit zu prüfen.

  Beachten Sie: Die grünen Indikatoren an UML-Pro-Sensoren zeigen an:
  - Oberer Indikator – Der Zylinder wurde nicht geöffnet und sollte voll sein.
  - Unterer Indikator – Die Automatik wurde weder manuell noch automatisch ausgelöst.

- Die Indikatoren können jedoch nicht anzeigen, ob das Ablaufdatum überschritten ist, ob der Zylinder voll ist oder ob der Auftriebskörper dicht ist.

Achtung: Die genannten Selbstprüfungen von Rettungswesten können die vorgeschriebene Wartung durch einen zertifizierten Fachbetrieb nicht ersetzen!

Weitere Sicherheitschecks:

- Überprüfen Sie das Rettungswestenlicht.
- Rettungsinseln müssen regelmäßig gewartet werden.
- Seenotleuchten müssen überprüft werden.
- Prüfen Sie die Leuchten an Markierungsbojen.
- Überprüfen Sie, wann die Batterien in Seenotsendern (EPIRB) ausgetauscht werden müssen.
- Das Gleiche gilt für PLB-Notsender, AIS-MOB-Notsender mit und ohne DSC-Alarm, AIS-S.A.R.T.-Notfallsender und elektronische Notfallleuchten, sogenannte EVDs (Electronic Visual Distress Signals).
- Feuerlöscher müssen ebenfalls regelmäßig gewartet werden.

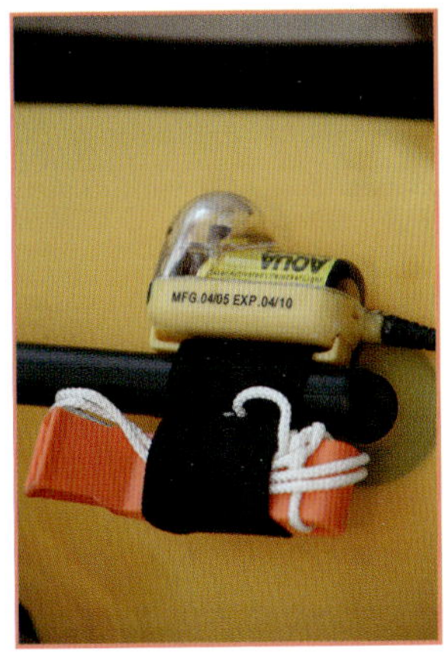

▲ *Rettungswestenlicht.*

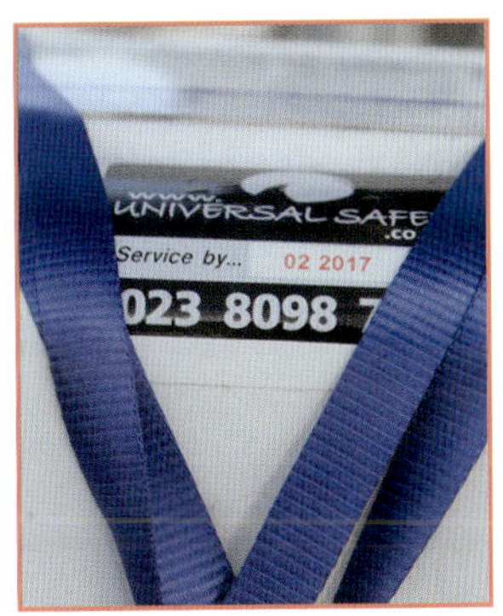

▲ *Abgelaufen!*

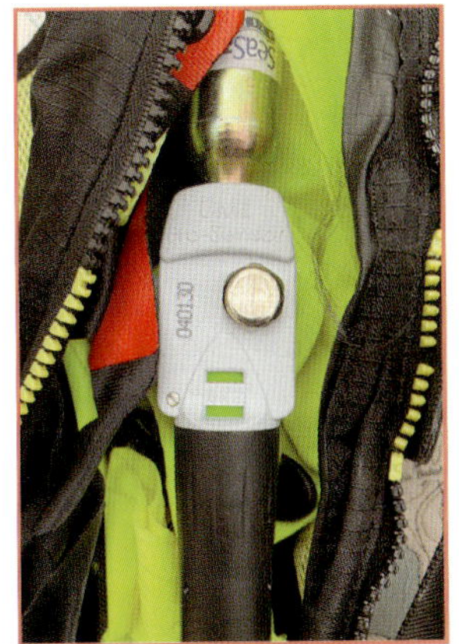

▲ *Beide Indikatoren grün.*

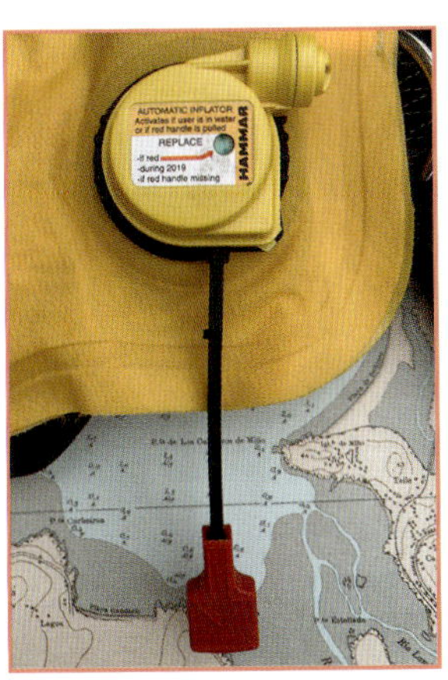

▲ *Abgelaufen; ersetzen!*

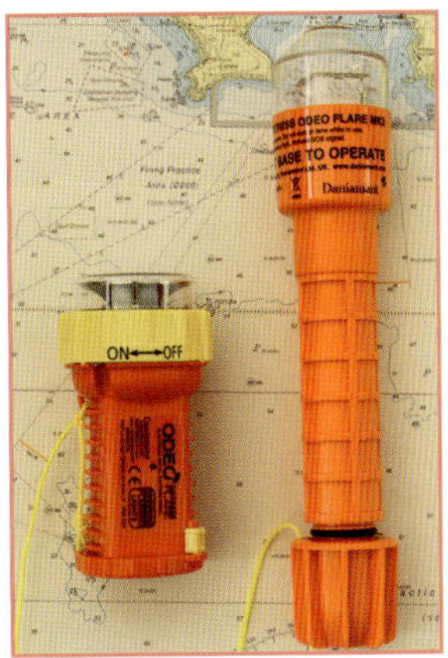

▲ *Notfallleuchten.*

67 MOB-Notfallsender

Sollte man einen PLB-, AIS- oder AIS/DSC nehmen?

- Eine PLB-Funkboje (Personal Locator Beacon) ist ein Personen-Notsender, entsprechend einem EPIRB (Emergency Position Indicating Radio Beacon), der nach manueller Auslösung ein Notsignal über Satellit an eine Rettungsleitstelle sendet und so die Küstenwache alarmiert. Das ergibt Sinn, wenn niemand in unmittelbarer Nähe ist, der helfen kann. Es wird zwar dauern, bis Rettungskräfte eintreffen, aber sie werden auf jeden Fall alarmiert.
- Ein AIS-Notsender wird in der Rettungsweste oder an der Person getragen und kann manuell oder automatisch durch Wasserkontakt ausgelöst werden. Diese MOB-Notsender eignen sich, wenn Rettungskräfte in der Nähe sind.
- AIS/DSC-Notsender haben den Vorteil, dass sie zusätzlich einen automatischen DSC-Notruf an mehrere zuvor einprogrammierte Seefunkstationen absetzen können. So weiß die Crew sofort, dass jemand über Bord gegangen ist. Über AIS werden dann Richtung und Entfernung zum MOB angezeigt.

Für welches System man sich entscheidet, ist jedem selbst überlassen. Ich denke, in küstennahen Revieren ist ein AIS- oder AIS/DSC-Notsender ausreichend.

Bei größerer Entfernung zur Küste ist eine PLB-Funkboje empfehlenswert. Die Reichweite des AIS-Signals, das über UKW gesendet wird, ist auf wenige Meilen beschränkt, besonders wenn sich der Sender nur knapp über der Wasseroberfläche befindet.

Übrigens kann man die Reflexstreifen einer Rettungsweste in der Nacht viel besser ausmachen, wenn man die Taschenlampe oder den Suchscheinwerfer nah am Auge hält, da die Lichtstrahlen von den Reflexstreifen direkt zur Lichtquelle zurückgeworfen werden. Probieren Sie es aus!

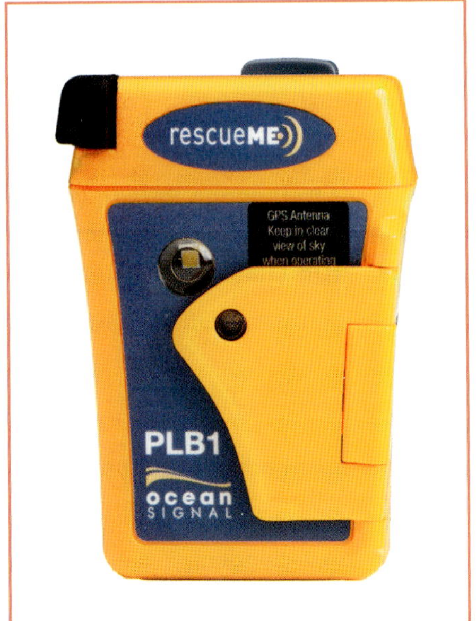

▲ PLB-Funkboje.

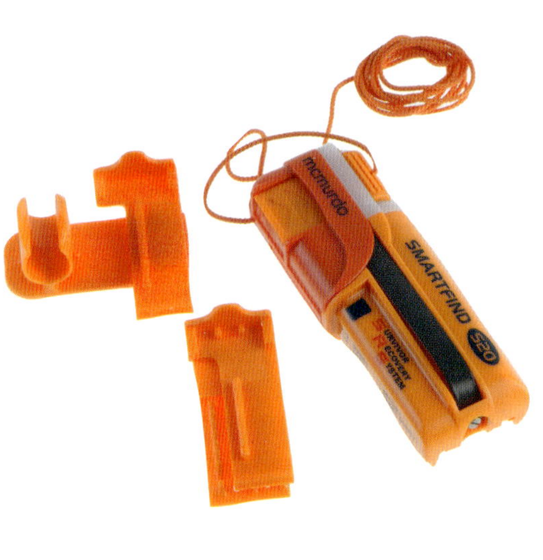

▲ AIS-Notsender, halbautomatisch.

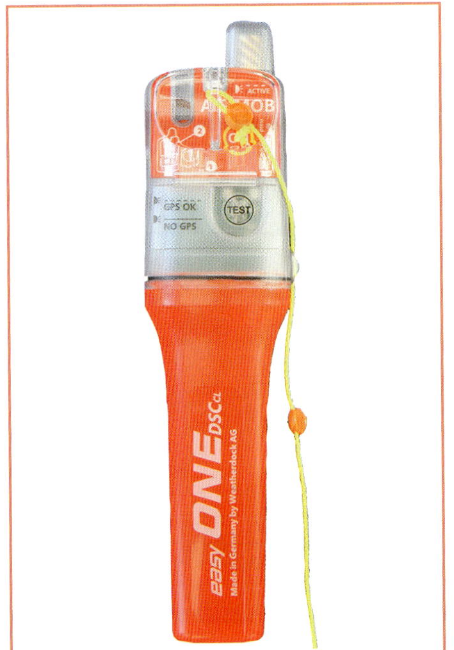

▲ AIS/DSC-Notsender, automatisch.

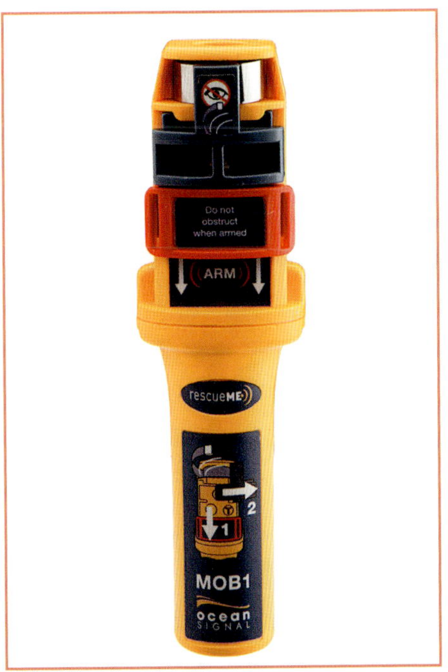

▲ AIS/DSC-Notsender, halbautomatisch.

68 MOB Lifesavers

Da es schwierig ist, eine Leine an einer im Wasser treibenden Person von Bord aus festzumachen, sollte sie an der Rettungsweste bereits vorhanden sein. Ich rüste meine Rettungswesten mit einem MOB Lifesaver aus.

- Eine Person fällt über Bord, die Rettungsweste löst aus, und der MOB Lifesaver schwimmt auf.
- Sobald das Boot neben dem MOB aufstoppt, kann der Lifesaver mit dem Bootshaken aufgenommen und der MOB am Boot gesichert werden.
- Der MOB ist jetzt mit dem Boot verbunden, und man kann Vorkehrungen treffen, den MOB an Bord zu holen.

Das Wichtigste ist, den MOB zunächst mit dem Boot zu verbinden.

Der MOB Lifesaver, der an der Bergeschlaufe der Rettungsweste befestigt ist, hat eine Bruchlast von 2,6 Tonnen, sodass der MOB direkt am Lifesaver aus dem Wasser gezogen werden kann. Oder er wird auf eine MobMat, einen Hypo Hoist oder eine seitlich abgelassene Sturmfock gezogen. Eine erfolgreiche Bergung beginnt jedoch mit dem Lifesaver in der Rettungsweste. Bevor man in See sticht, benötigt man unbedingt eine Strategie, wie eine Person aus dem Wasser zurück an Bord geholt werden kann. Treffen Sie entsprechende Vorkehrungen, und machen Sie einen Praxistest.

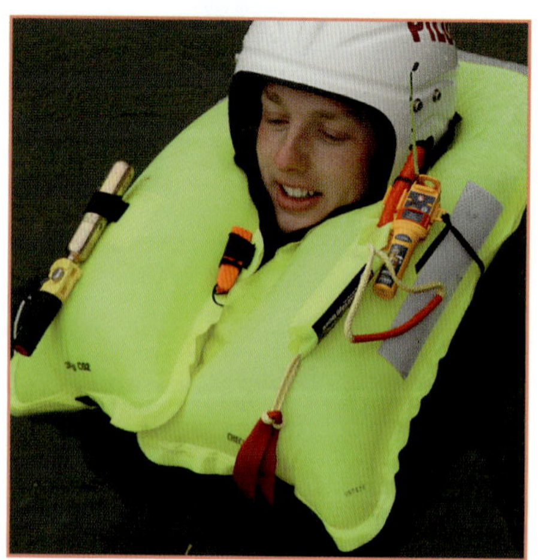

▲ *Die Schlaufe des Lifesaver liegt oben auf der Rettungsweste oder …*

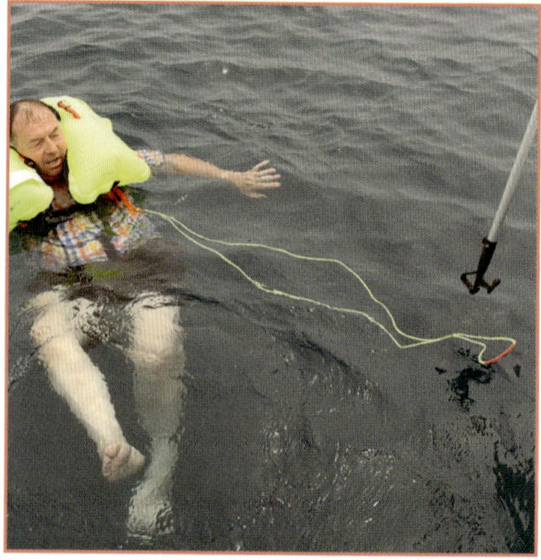

▲ *… schwimmt neben dem MOB griffbereit im Wasser*

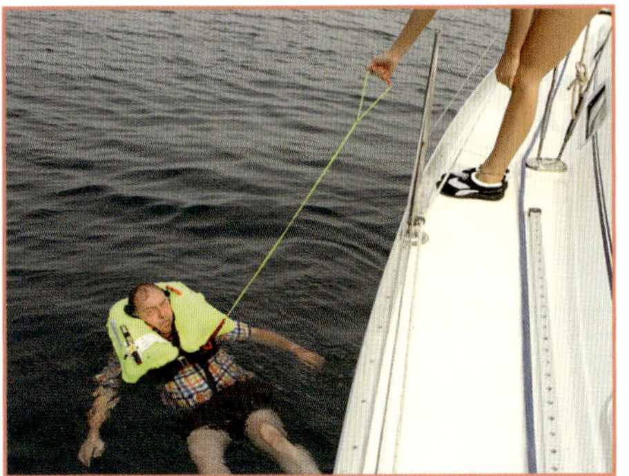

▲ *Lifesaver aufgegriffen und …*

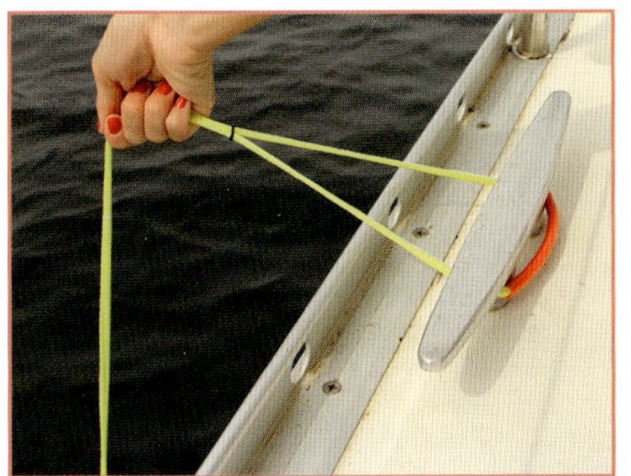

▲ *… an Bord belegt.*

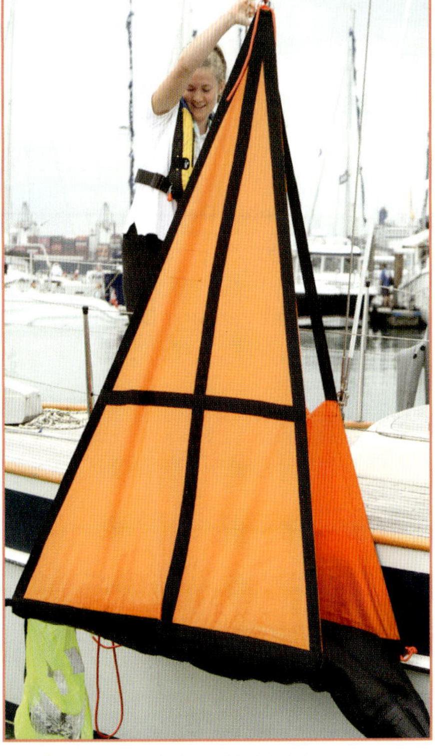

▲ *Bergung mit einer MobMat.*

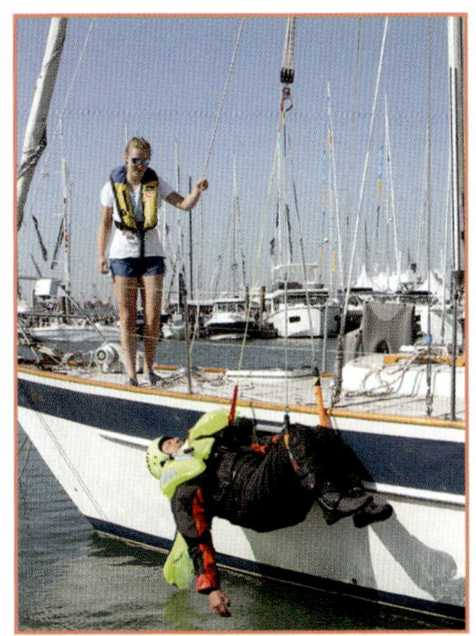

▲ *MOB-Bergung mit einer sechsfach geschorenen Talje mit Ratschenblock.*

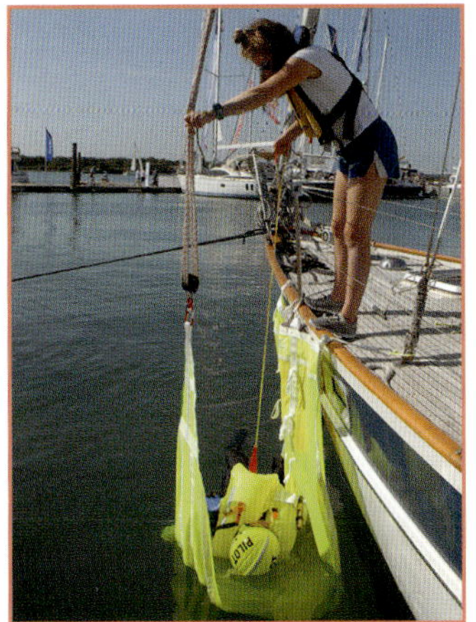

▲ *Bergung mit einem Hypo Hoist.*

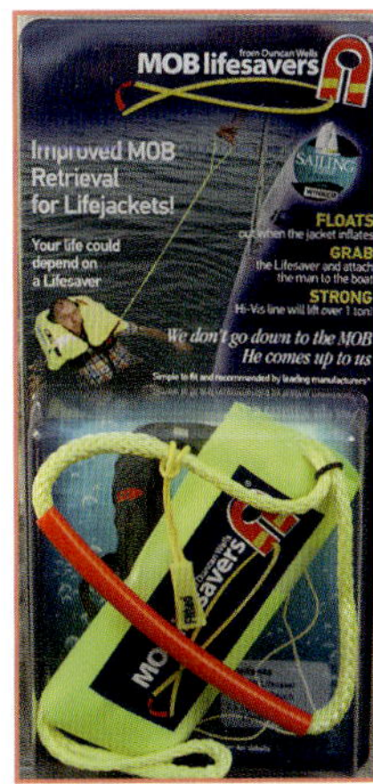

▲ *MOB Lifesaver zum Nachrüsten.*

69 Leinen an Bord und ihre Eigenschaften

Material mit hoher Dehnung:
- Polyamid / Nylon

Materialien mit geringer Dehnung:
- Polyester
- Dyneema
- Vectran
- Spectra
- Kevlar
- Polypropylen

Schwimmfähige Materialien:
- Polypropylen
- Dyneema
- Spectra

Nicht schwimmfähige Materialien:
- Polyester
- Vectran
- Kevlar
- Polyamid / Nylon

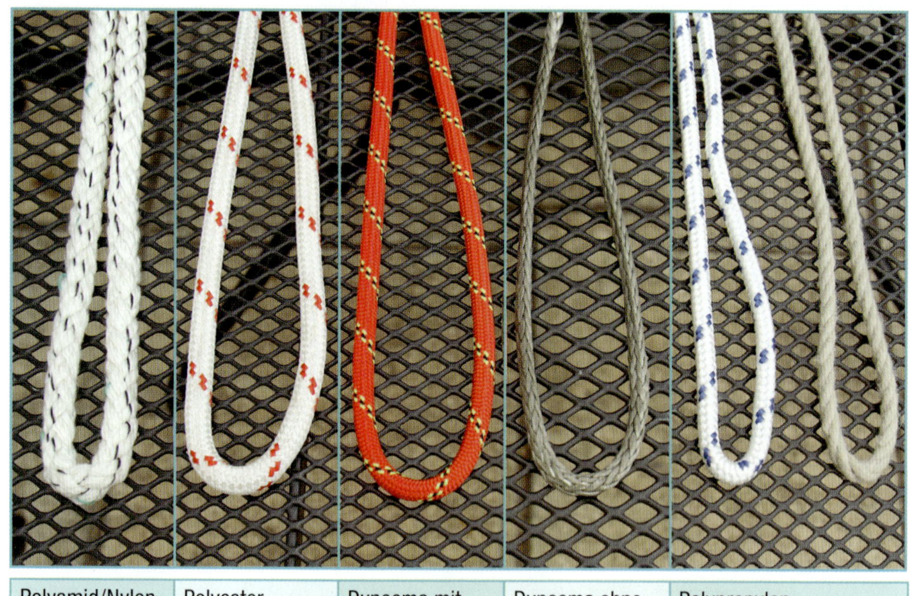

Polyamid/Nylon	Polyester	Dyneema mit Polyester-Mantel	Dyneema ohne Polyester-Mantel	Polypropylen
hohe Dehnung	geringe Dehnung	minimale Dehnung	minimale Dehnung	geringe Dehnung
nicht schwimmfähig	nicht schwimmfähig	nicht schwimmfähig	schwimmfähig	schwimmfähig

70 Leinen immer hängend stauen

Gutes Tauwerk ist teuer und sollte pfleglich behandelt werden.

Hängen Sie Leinen immer auf, damit sie schneller trocknen können. Legt man sie einfach in die Backskiste, bleiben sie lange feucht.

▶ *Zum Trocknen in der Galley aufgehängt.*

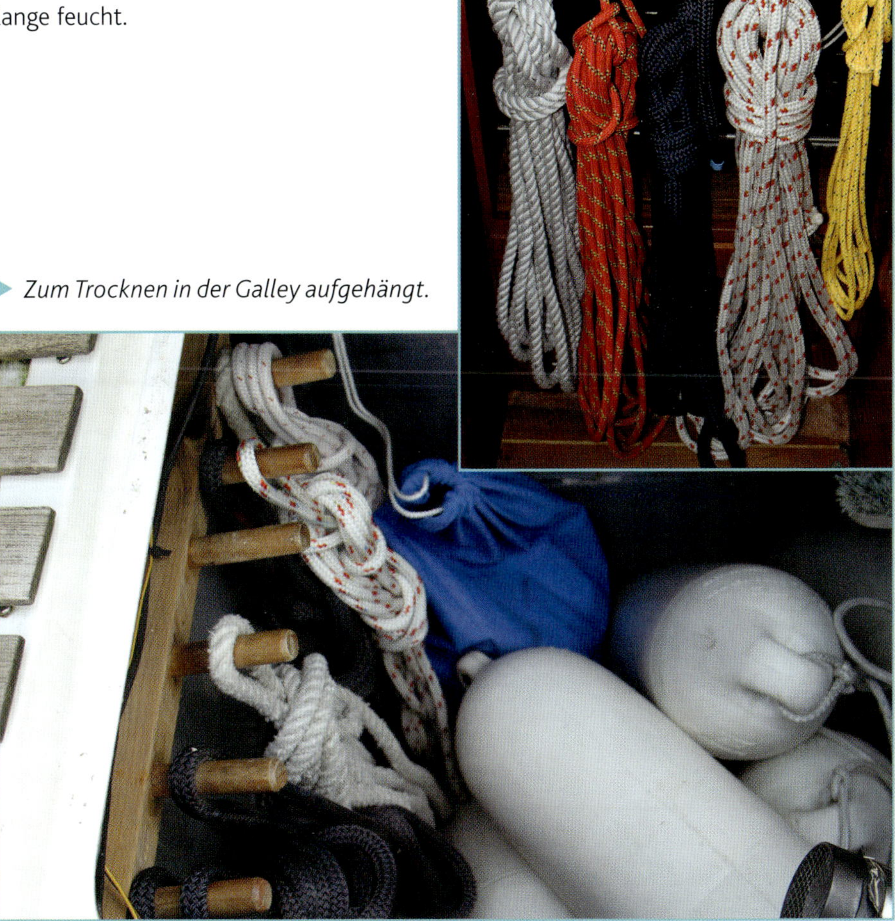

▲ *Gestell zum Aufhängen der Leinen in der Backskiste.*

71 Der Straßenräuberstek

Abgesehen vom Palstek ist das der nützlichste Knoten, den ich kenne.

Zudem ist es ein sehr hübscher Knoten, der sich mit einem Ruck am losen Ende auch aus der Entfernung lösen lässt. Der Straßenräuberstek hat dabei im Vergleich zu einem auf Slip gelegten Webeleinstek den Vorteil, dass das lose Ende nicht um den Befestigungspunkt herum abgezogen werden muss, sondern einfach vom Befestigungspunkt abfällt.

Er eignet sich hervorragend, um einen Fender festzumachen, den man aber auch blitzschnell lösen kann oder um einen Festmacher beim Anlegen kurzzeitig an der Reling zu sichern, damit er nicht ins Wasser fallen kann. Ich verwende den Straßenräuberstek häufig beim Ablegen und beim Eindampfen in eine Spring, da ich ihn zum Schluss von Bord aus lösen kann.

■ **So wird der Straßenräuberstek gebunden:**

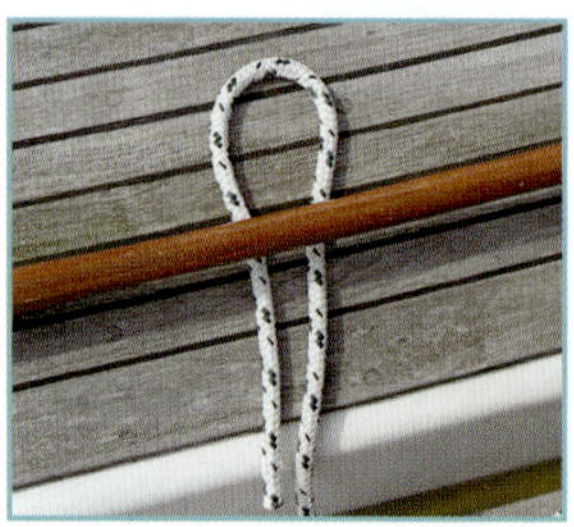

▲ *Führen Sie eine Bucht unter dem Befestigungspunkt durch.*

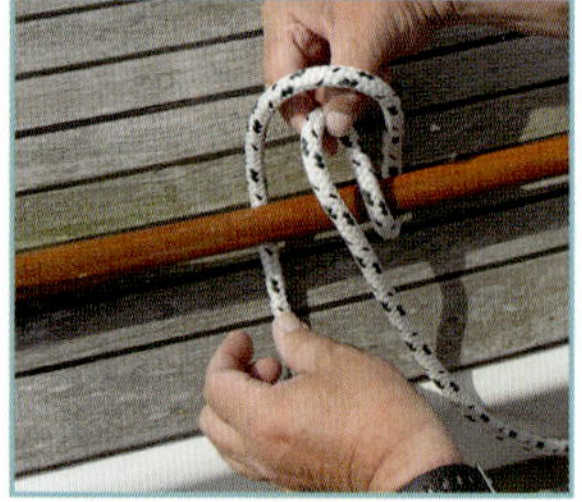

▲ *Greifen Sie durch die Bucht, und nehmen Sie die stehende Part.*

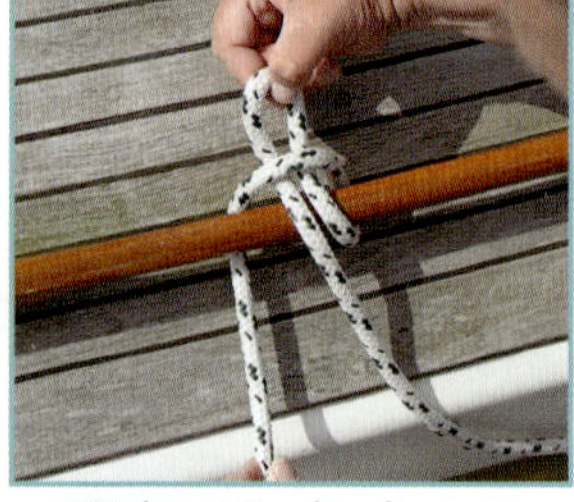

▲ *Ziehen Sie die diese durch die Bucht und das lose Ende stramm.*

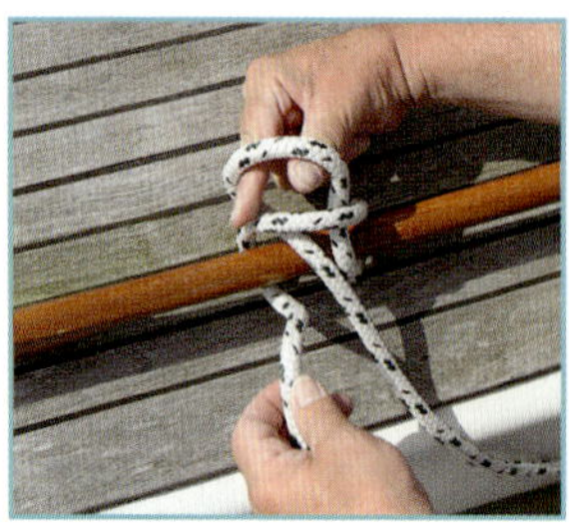

▲ *Greifen Sie durch die neu entstandene Bucht.*

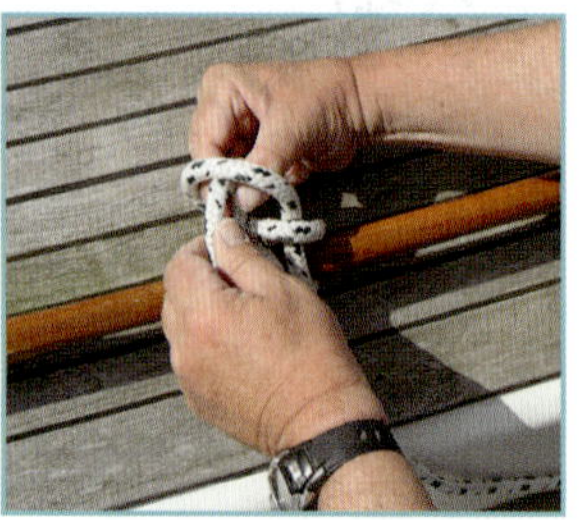

▲ *Nehmen Sie das lose Ende und ziehen es als Bucht durch die Bucht.*

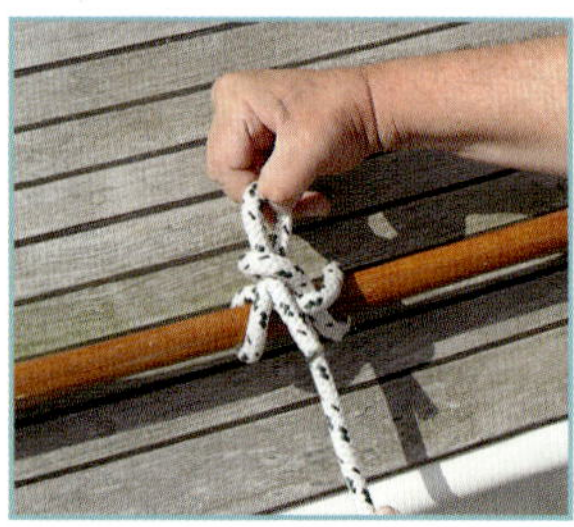

▲ *Ziehen Sie an der stehenden Part fest.*

■ **Ziehen Sie am losen Ende, und schon ist der Knoten gelöst.**

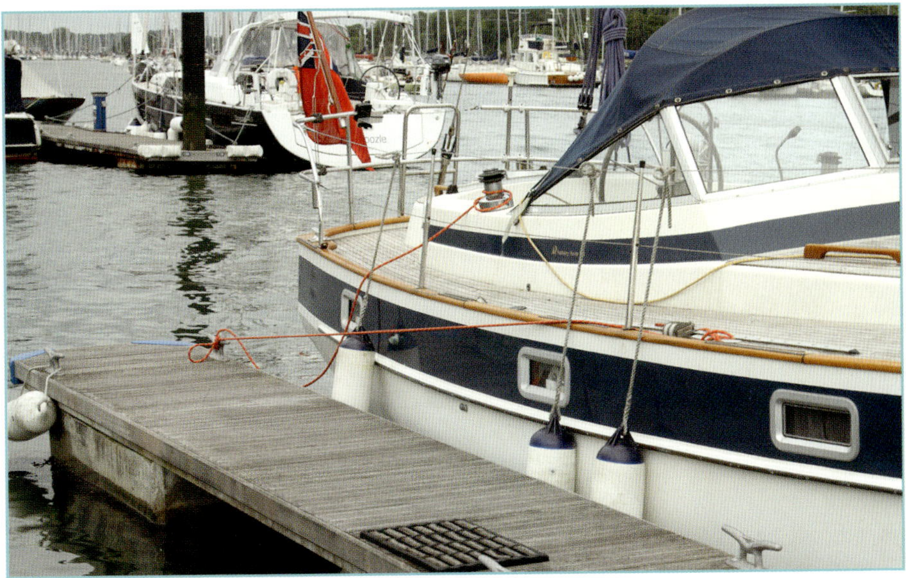

▲ *Vorwärts eindampfen in eine Spring, die mit einem Straßenräuberstek an der Klampe am Steg festgemacht ist, aber von Bord aus gelöst werden kann.*

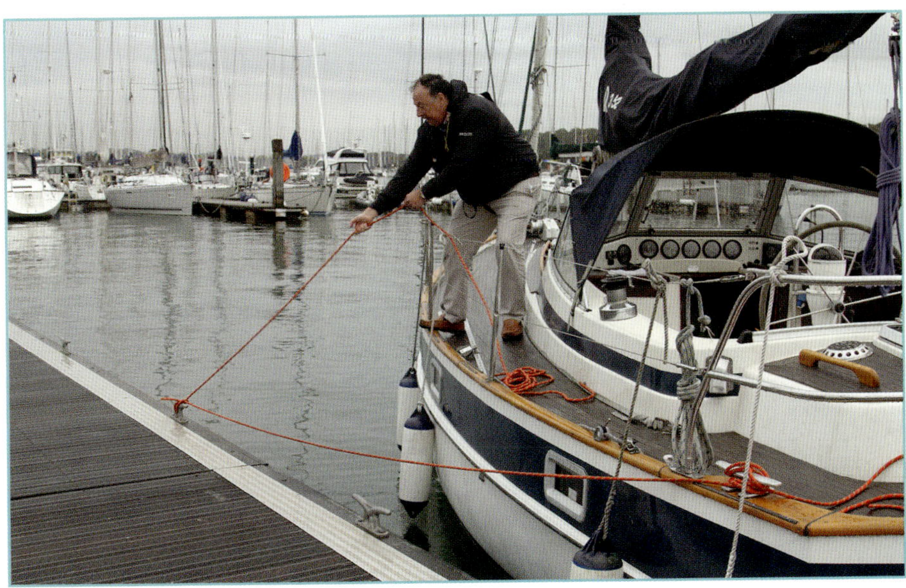

▲ *Hier wurde rückwärts in eine Spring eingedampft, die von Bord aus gelöst wird.*

72 Fallen abspannen

Ich halte es für rücksichtslos anderen gegenüber, wenn jemand im Hafen die ganze Zeit die Fallen gegen den Mast schlagen lässt.

Im Hafen sollten alle Leinen, auch das laufende Gut, aufgeklart werden. Bleiben die Fallen an den Segeln angeschlagen, kann es sein, dass sie gegen den Mast schlagen. Da die meisten Masten aus hohlen Aluminiumprofilen bestehen, verstärken sie noch diesen nervtötenden Lärm.

Nehmen sie daher Rücksicht auf andere im Hafen, und spannen Sie die Fallen vom Mast weg, damit sie nicht schlagen können.

■ **Dazu kann ein Zurrknoten verwendet werden.**
Im Internet gibt es Anleitungen, wie ein Zurrknoten gebunden wird.

▶ *Palstek zum Abspannen der Fallen.*

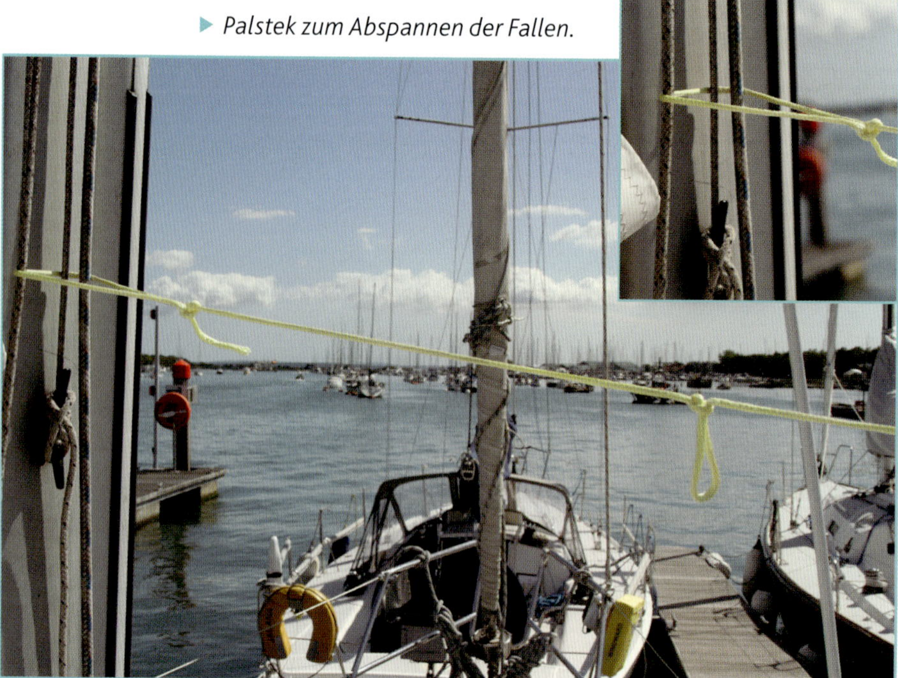

▲ *Slipknoten in der Mitte der Leine.*

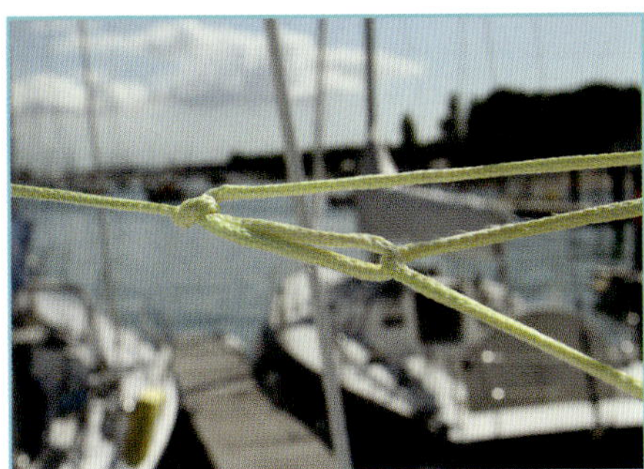

▲ *Führen Sie die Leine um den Abspannpunkt zurück durch den Slipknoten.*

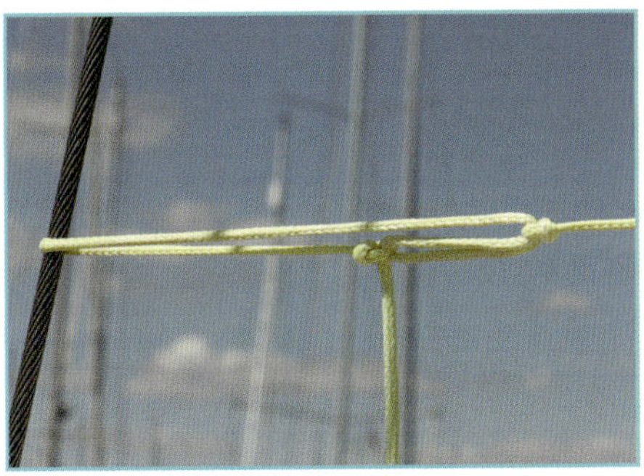

▲ *Ziehen Sie fest, und schließen Sie die Verzurrung mit einem halben Schlag ab.*

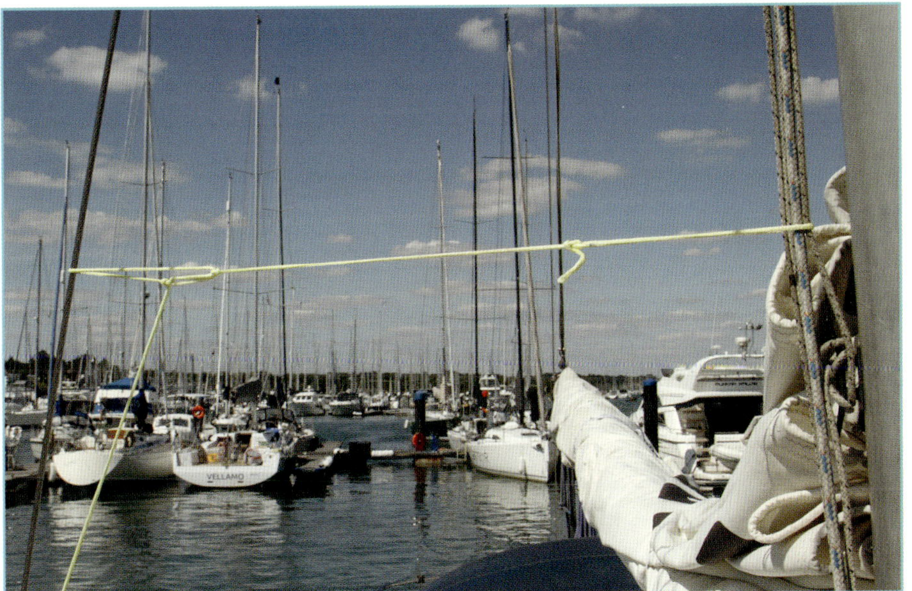

▲ *Fertig.*

Ich spanne mein Großfall oft parallel zur Dirk zum Ende des Baums. Manchmal vertörnen sich dann aber Fall und Dirk und schlagen gegeneinander. Allerdings hört man das nur im Inneren des Bootes, da ein Bootsrumpf wie der Körper eines Cellos alle Geräusche verstärkt. Auch die Windrichtung spielt eine Rolle, ob ein Fall gegen den Mast schlägt oder nicht. Ein Winddreher kann bewirken, dass ein schlagendes Fall plötzlich keinen Lärm mehr macht. Am besten sollte man es jedoch grundsätzlich abspannen, schon aus Rücksicht auf andere.

73 Baum im Hafen zur Seite schoten oder spannen

Egal, ob man von der Seite oder vom Heck an Bord steigt – man hat mehr Platz im Cockpit, wenn man den Baum zur Seite schotet.

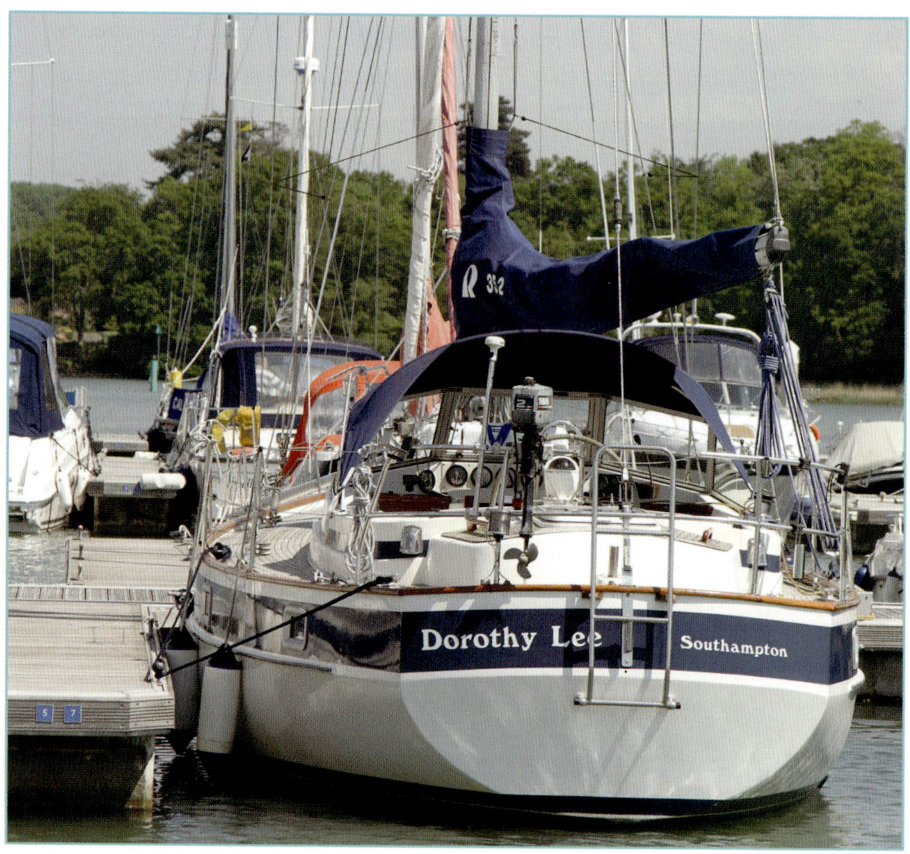

▲ *Das Bändsel zur Sicherung der Rollgenua führt durch das Schothorn.*

74 Rollgenua sichern

Sichern Sie die Rollgenua mit einem Bändsel, wenn Sie von Bord gehen. So kann sich das Segel auch bei starkem Wind nicht abrollen, selbst wenn die Schoten beginnen nachzugeben.

Vergessen Sie aber nicht, das Bändsel wieder zu lösen, bevor Sie ablegen!

▶ *Das Bändsel zur Sicherung der Rollgenua führt durch das Schothorn.*

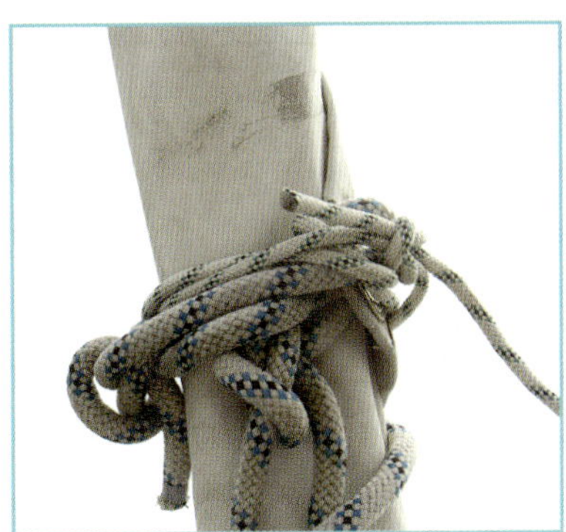

75 Ersatzteile einbauen

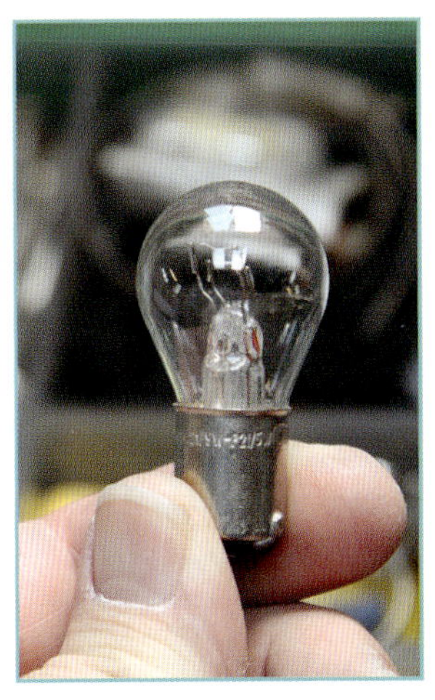

▲ *Einbau des Ersatzteils.*

Verschleißteile fallen immer im ungünstigsten Moment aus. Meistens ist dann auch noch Eile geboten.

Aber Sie haben ein Ersatzteil an Bord. Schließlich sind Sie gut vorbereitet. Beim Auspacken stellen Sie fest, dass es etwas anders aussieht als das Original. Wird es passen und funktionieren? Sie wissen es nicht. Deshalb sollten Sie Ersatzteile bereits vorsorglich einbauen. So wissen Sie, wie man sie einbaut, und dass das Ersatzteil funktioniert. Ebenso wissen Sie, dass das ausgebaute Originalteil noch funktionstüchtig ist, das Sie fortan als Ersatzteil mitführen.

76 Wie man ein Fall am Bootsmannstuhl anschlägt

Um eine Person in den Mast zu ziehen, wird ein Fall am Bootsmannstuhl angeschlagen.

Lassen Sie sich nicht dazu verleiten, als schnelle Lösung das Fall mit dem Schnappschäkel am Bootsmannstuhl festzumachen.

Sichern Sie die Person besser so, wie es auch ein Kletterer tun würde, der mit den Risiken der Höhenarbeit vertraut ist. Schlagen Sie deshalb das Fall mit einem doppelten Achtknoten am Ring des Bootsmannstuhls an, und pieken Sie den Schnappschäkel zusätzlich an einer anderen Stelle ein.

Der doppelte Achtknoten kann sich nicht unbeabsichtigt lösen, wohingegen der Ring brechen könnte. Das ist zwar unwahrscheinlich, aber Sicherheit geht vor!

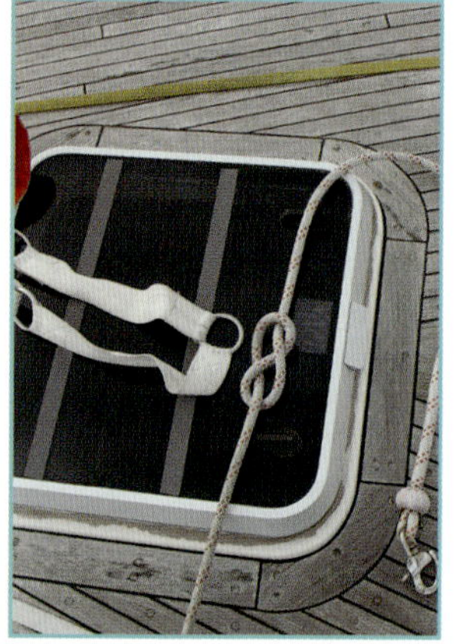

▲ *Machen Sie einen Achtknoten in ausreichender Entfernung.*

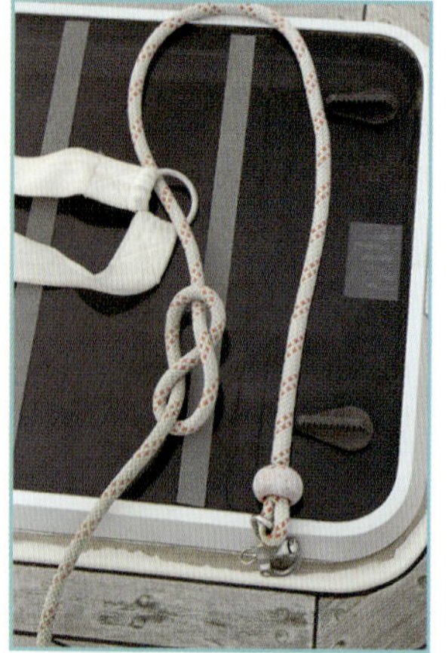

▲ *Führen Sie das Ende des Falls durch den Ring am Bootsmannstuhl und zurück zum Achtknoten.*

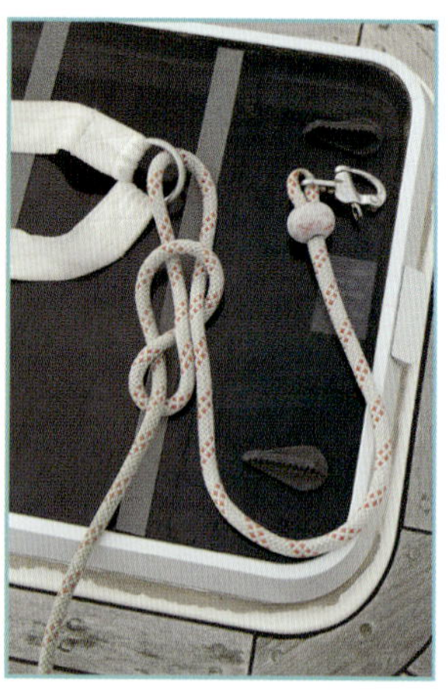

▲ *Führen Sie das Ende so durch den Knoten, dass der Knoten gedoppelt wird.*

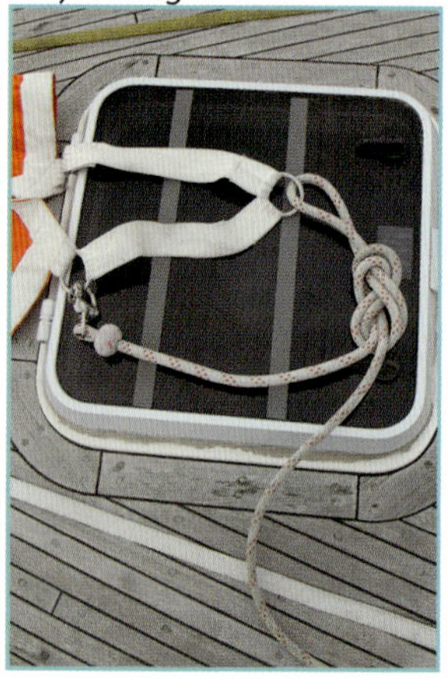

▲ *Der fertige doppelte Achtknoten mit eingepiektem Schnappschäkel als zusätzliche Sicherung an anderer Stelle am Bootsmannstuhl.*

77 Sprayhood und Persenning reinigen

Reiben oder bürsten Sie Salz auf die grünen Flecken, und waschen Sie es ab.

Das kostet so gut wie nichts!

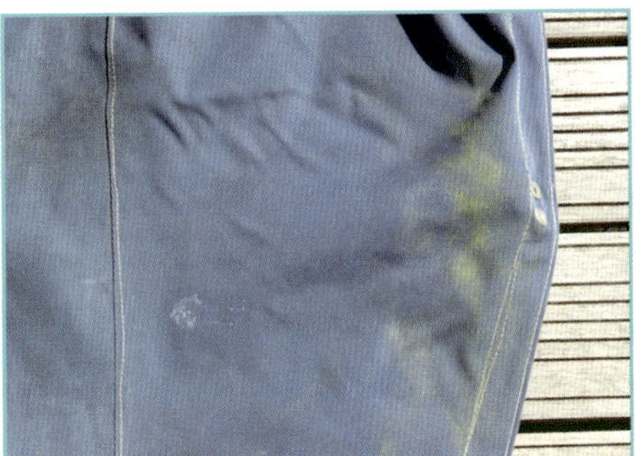

▲ *Vor der Behandlung.*

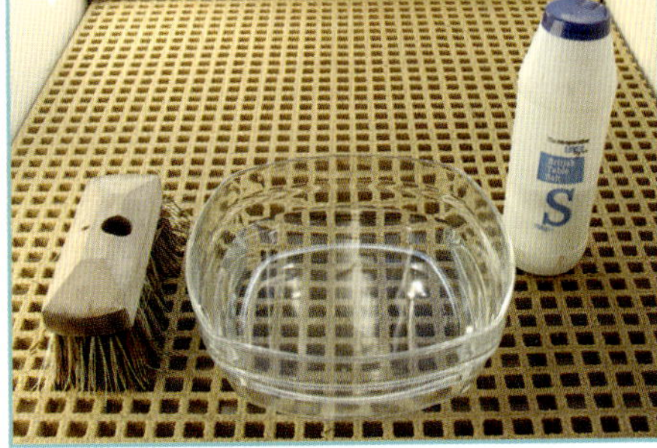

▲ *Bürste, Wasser, Salz.*

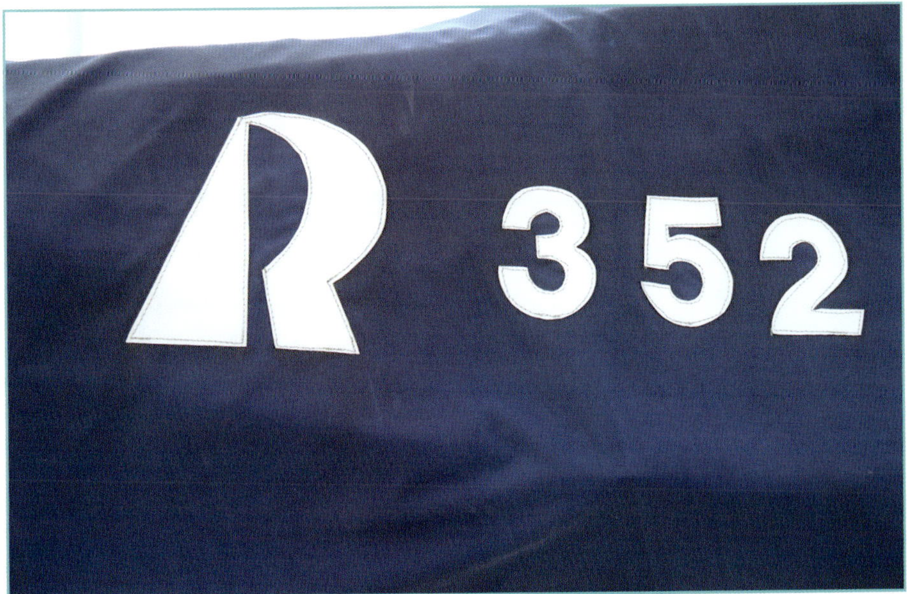

▲ *Nach der Behandlung mit Salz.*

78 Echolot kalibrieren

Es ist wichtig zu wissen, wie viel Wasser man unter dem Kiel oder Propeller hat. Was passiert, wenn dem nicht so ist, muss nicht weiter ausgeführt werden.

Aber nicht nur um Grundberührungen zu vermeiden, sondern auch beim Ankern ist es wichtig, die Wassertiefe zu kennen, um ausreichend Kette zu stecken.

Dazu muss das Echolot kalibriert werden, und man muss den eigenen Tiefgang kennen. Bedenken Sie auch, dass ein voll beladenes Boot mehr Tiefgang hat, als von der Werft in den Basisdaten angegeben.

Um das Echolot zu kalibrieren, benötigen Sie eine Lotleine, ein Maßband und etwas Klebeband.

1. Lokalisieren Sie den Geber für das Echolot.

2. Lassen Sie dort die Lotleine seitlich über Bord, und messen Sie die Wassertiefe.

3. Markieren Sie die Wassertiefe mit einem Stück Klebeband an der Lotleine.

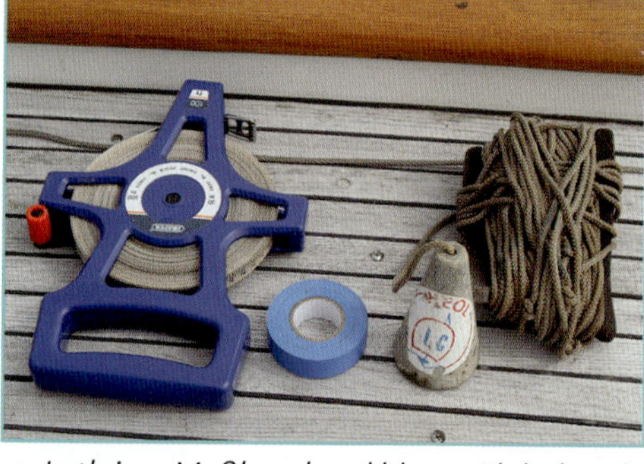

▲ *Lotleine, Maßband und blaues Klebeband.*

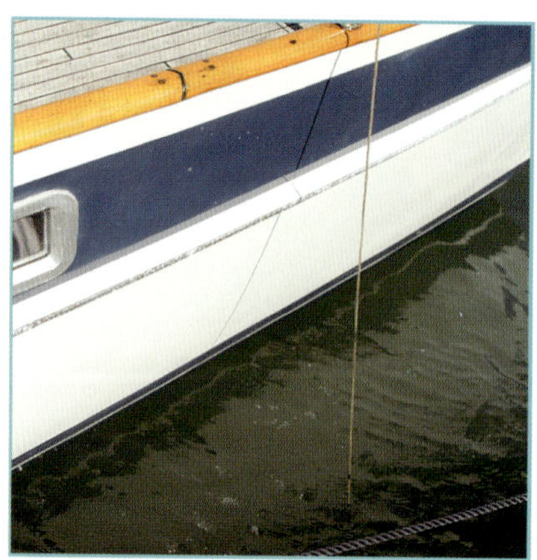

▲ *Loten Sie die Wassertiefe seitlich des Gebers.*

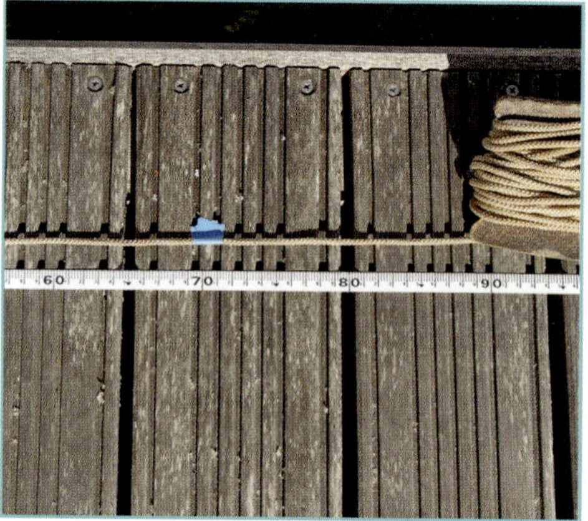

▲ *Die gemessene Wassertiefe wird mit einem Stück Klebeband markiert.*

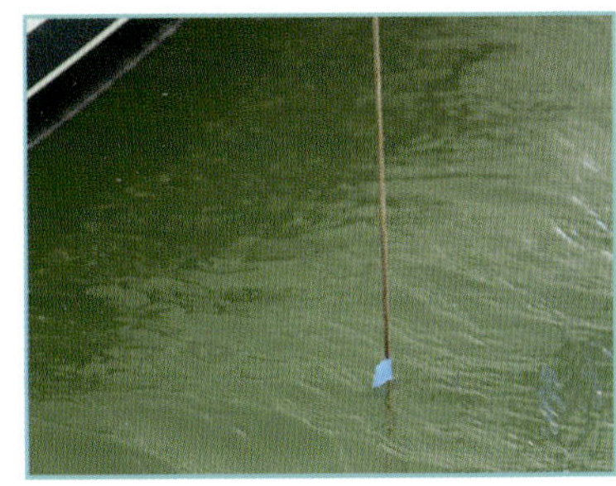

4. Lassen Sie die Lotleine auf der anderen Seite des Bootes über Bord. Kommt dabei die Markierung wieder genau bis auf die Wasseroberfläche, ist der Grund unter dem Boot eben.

▶ *Perfekt: Auf der anderen Seite kommt das Tape wieder bis auf die Wasseroberfläche.*

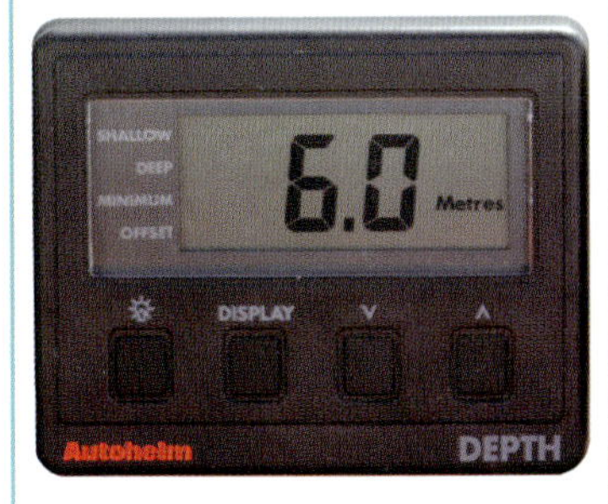

Sollte die Messung auf der anderen Seite eine starke Abweichung ergeben, kann man den Mittelwert bilden, was in der Regel für die Kalibrierung ausreichend genau ist. Oder man sucht sich eine andere Stelle, wo der Grund eben ist.

5. Notieren Sie jetzt die Tiefe, die das Echolot anzeigt.

▶ *Das Echolot zeigt eine Tiefe von 6 Metern.*

Jetzt gibt es zwei Möglichkeiten:

Entweder stellt man das Echolot so ein, dass es die Tiefe unter dem Kiel anzeigt, also die Wassertiefe minus den eigenen Tiefgang, oder man wählt die Einstellung so, dass die Tiefe von der Wasseroberfläche angezeigt wird.

Auf jeden Fall sollte man neben dem Echolot einen Vermerk anbringen, welchen Bezugspunkt die angezeigte Tiefe hat.

Um den eigenen Tiefgang festzustellen, kann man das Boot bei auflaufender Tide sanft auf sandigem Grund aufsetzen lassen. Bei Motorbooten bildet oft der Propeller den tiefsten Punkt. In diesem Fall ist die genannte Methode nicht geeignet. Ansonsten kann man, sobald der Kiel Grundberührung hat, die Tiefe und somit den eigenen Tiefgang mit der Lotleine messen.

Beim nächsten Krantermin kann der Tiefgang ebenfalls gemessen werden, und zwar von der tatsächlichen Wasserlinie, die man an der Bewuchsgrenze erkennt, bis zum tiefsten Punkt des Bootes am Kiel oder Propeller. Die meisten Echolot-Geber haben einen Temperaturfühler, weil die Ausbreitungsgeschwindigkeit der Schallwellen unter anderem von der Wassertemperatur abhängt. Prüfen Sie in den Einstellungen, wie Sie die Wassertemperatur am Gerät anzeigen können.

79 Segeleinbinder selbst machen

Das Großsegel wird in die Lazyjacks abgelassen und muss dann am Baum aufgetucht und gesichert werden. Dazu benötigt man Zeisinge oder einen Segeleinbinder.

Segeleinbinder kann man selbst machen!

1. Schritt: Messen Sie die Länge des Baums, und kaufen Sie eine Gummileine, die ungefähr 60 cm länger ist, sowie sechs Kunststoff-Haken.

2. Schritt: Fädeln Sie einen Haken auf die Gummileine, und fixieren Sie ihn auf halber Länge mit einem Überhandknoten.

3. Schritt: Fädeln Sie gleichmäßig verteilt vier Haken auf das eine Ende der Leine. Machen Sie mit beiden Enden der Leine je einen Überhandknoten in gleichmäßigem Abstand zwischen den Haken.

4. Schritt: Fügen Sie den sechsten Haken hinzu, und knoten Sie die Enden zusammen. Fixieren Sie den sechsten Haken am Ende des Segeleinbinders mit einem weiteren Knoten.

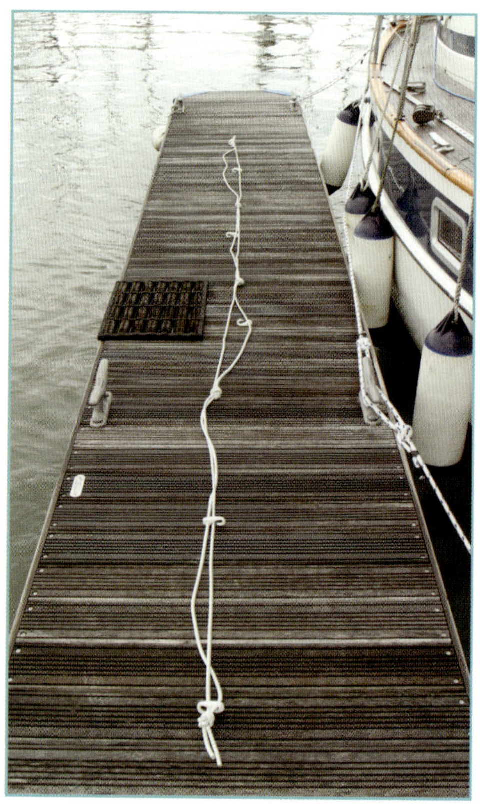

▲ *Je ein Haken an den Enden und zwischen den Knoten.*

Anstelle der Knoten kann man auch Edelstahl-Krampen verwenden, um die parallel verlaufenden Enden der Gummileine zu verbinden. Noch besser ist es, die Enden mit einem Bändsel aus Takelgarn zu verbinden. Ich habe meinen Segeleinbinder einfach geknotet.

Liegt das Großsegel aufgetucht in den Lazyjacks, spannt man den Segeleinbinder unterhalb des Baums von der Baumnock bis zum Lümmelbeschlag. Dann zieht man die Gummileinen auf beiden Seiten des Baums nach oben und hakt sie über dem Segel zusammen. So ist das Segel gesichert.

Der Segeleinbinder verläuft im Zickzack am Baum entlang und umfasst dabei den Baum und das Großsegel.

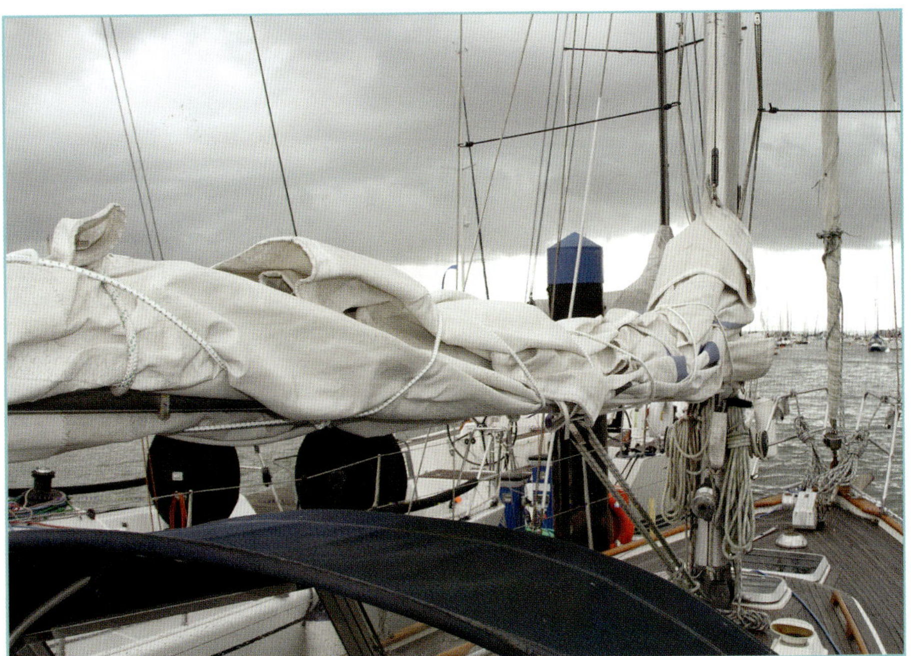

▲ *Der Segeleinbinder wird am vorderen und hinteren Ende des Baums eingehakt und dann über dem Segel verbunden – perfekt.*

80 Mit dem eigenen Gewicht das Boot zum Steg ziehen

Ist das Boot zu weit vom Steg entfernt, um bequem an Bord zu steigen, kann man mit einem Fuß auf die Heckleine steigen, dadurch das Boot heranholen und leichter übersteigen.

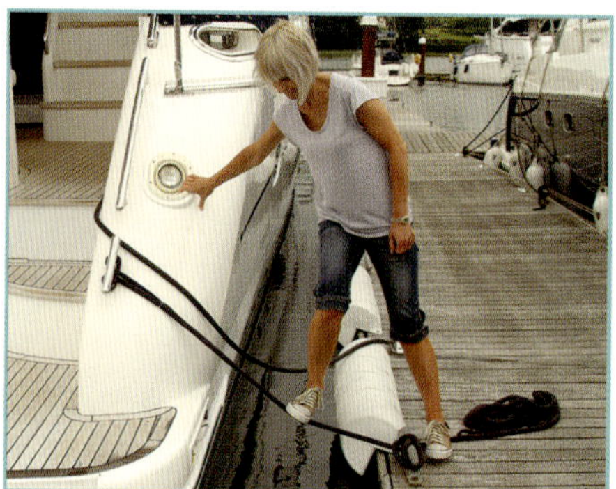

▲ *Man steigt auf den Festmacher, …*

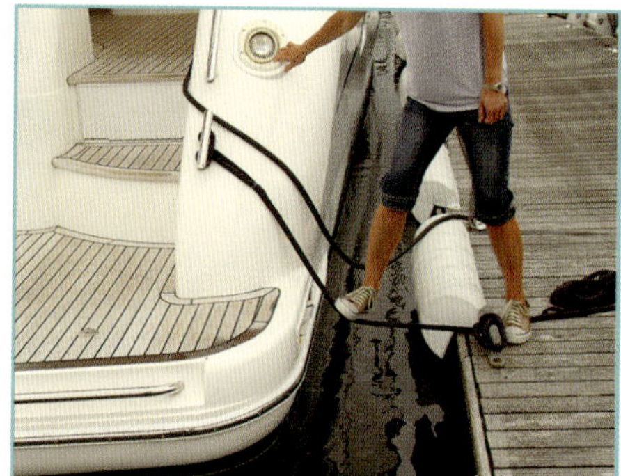

▲ *… das Boot kommt dichter, …*

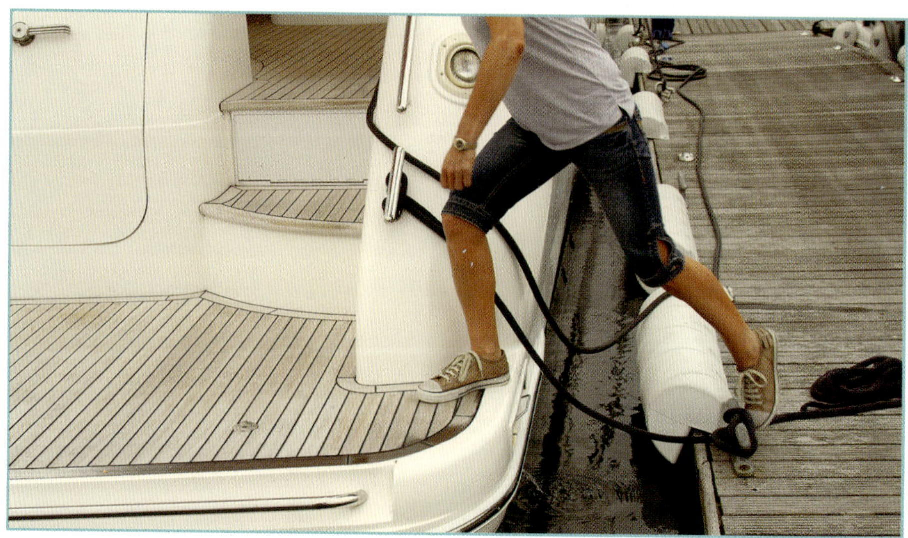

▲ *… und man kann bequem übersteigen.*

81 Knarzende Festmacher ruhigstellen

Knarzen die Festmacher die ganze Nacht an Klampen oder Leitösen, kann es einem den Schlaf rauben.

Eine (gesicherte) Plastiktüte zwischen Leine und Fußreling kann Abhilfe schaffen. Dabei ist es beruhigend zu wissen, dass es nicht auf die Aufschrift der Tüte ankommt. Eine Tüte aus dem Supermarkt funktioniert genauso gut wie die einer Edel-Boutique.

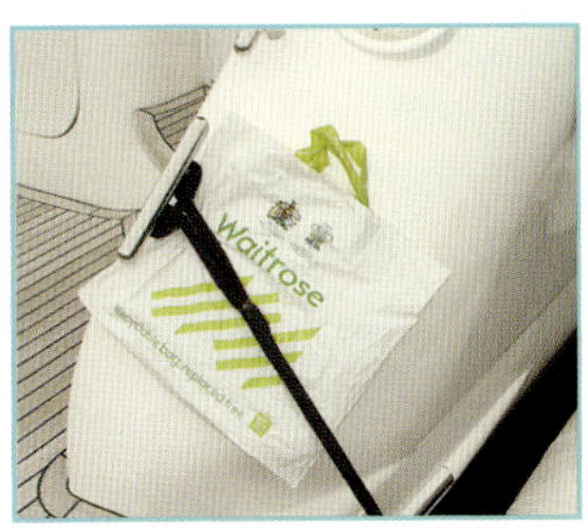

◄ *Teure Tüte mit Beschriftung*

► *Billige Tüte ohne Aufschrift.*

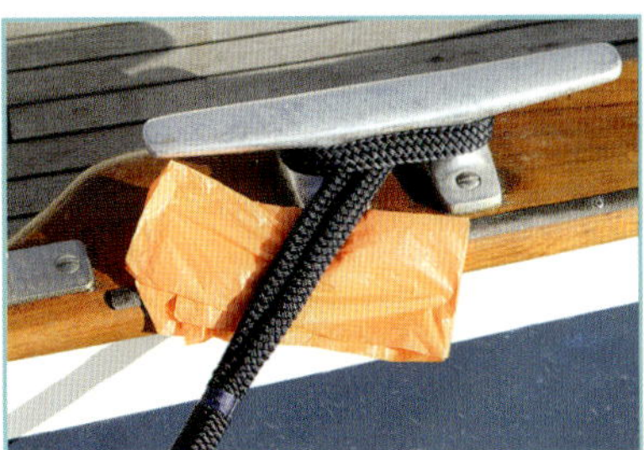

82 Schäkel sichern

Schäkel mit geschraubten Bolzen werden am besten mit Musingdraht gesichert. Dabei wird der Bolzen mit dem Schäkel durch eine Umwicklung verbunden, sodass er sich nicht herausdrehen kann.

Musingdraht ist ein weicher, sehr biegsamer Draht. Manchmal werden Schäkel auch mit Gewindeklebern oder Kabelbindern gesichert. Das ist jedoch weniger zuverlässig. Vor allem Kabelbinder können durch UV-Strahlung spröde werden und brechen.

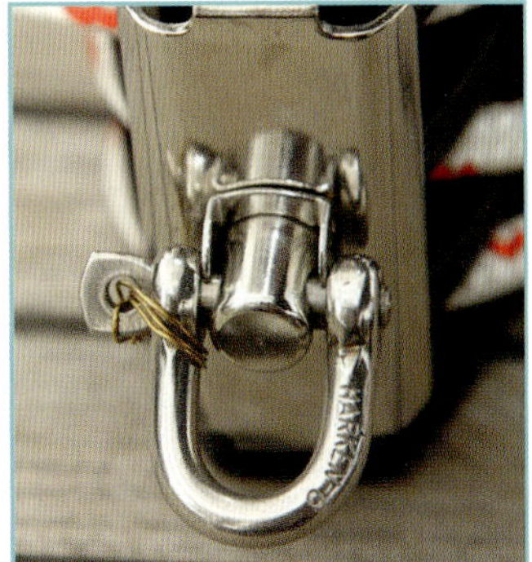

► *Schäkel mit Musingdraht.*

83 Eutersalbe als Ersatz für Antifouling?

Um Bewuchs am Propeller zu vermeiden, hat man mir empfohlen, Eutersalbe, eine Art Melkfett, aufzutragen. Das funktioniert wirklich! Ich habe sogar gehört, dass man Eutersalbe am ganze Unterwasserschiff als Alternative zu Antifouling verwenden kann.

Eutersalbe ist ein reichhaltiges Fett auf Lanolin-Basis und enthält zudem das Antiseptikum Cetrimide. Es bildet angeblich eine wirksame Schutzschicht in brackigem Wasser und ist vor allem in Holland als Antifouling-Ersatz beliebt. Bootsbesitzer berichten, dass es Schutz für eine ganze Saison bietet. Am Ende der Saison lässt es sich mit dem Dampfstrahler entfernen und kann beim nächsten Mal mit bloßen Händen wieder aufgetragen werden, wobei die Hände durch das hautpflegende Lanolin wunderbar weich werden.

Wo kann man Eutersalbe kaufen?

Im Agrarfachhandel und natürlich im Internet!

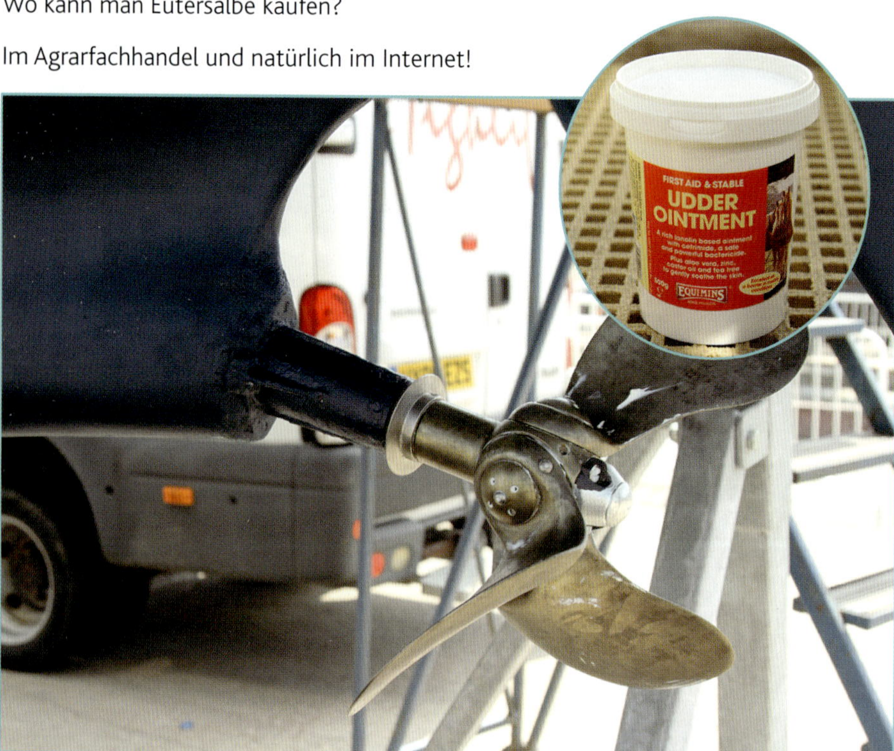

84 Platz sparen in der Galley

Nicht viel Platz an Bord?

Bei akutem Platzmangel kann man sich mit Lösungen aus dem Campingbereich behelfen. Dort gibt es faltbare Waschbecken, Teekessel und Tassen aller Art. Und es ist günstiger als beim Yachtausrüster.

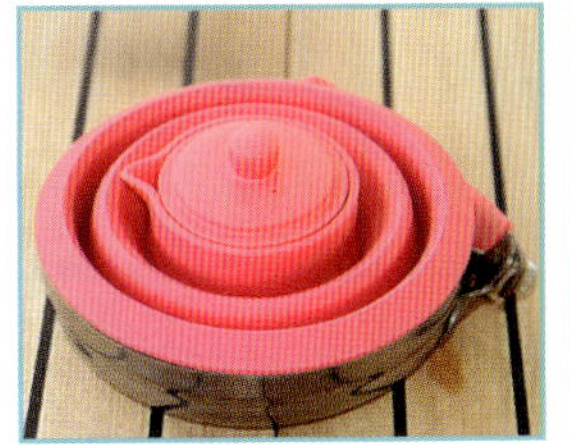

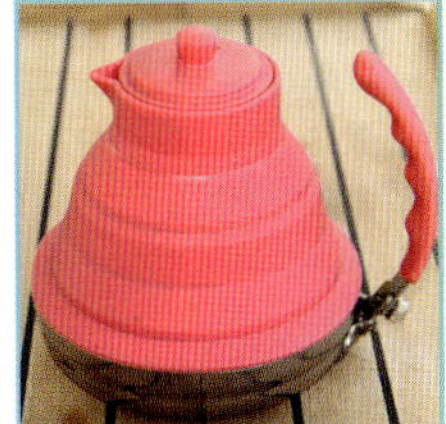

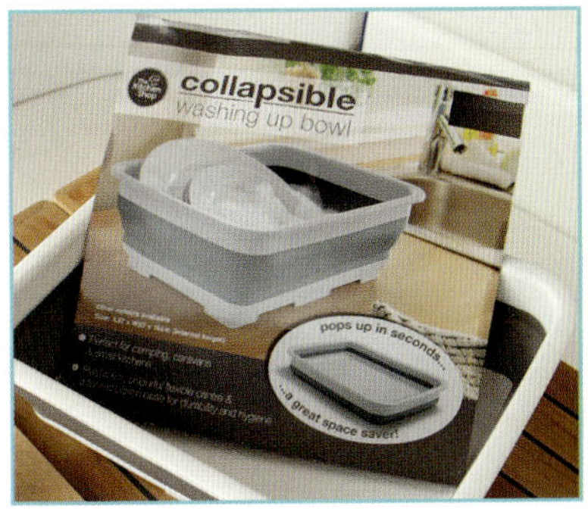

▲ *Faltbares Spülbecken.*

◄ *Es muss ja nicht rosa sein …*

85 Reißverschluss mit Vaseline fetten

Etwas Vaseline hält Reißverschlüsse beweglich.

Ob an Sprayhood, Kuchenbude oder Segelpersenning: Reißverschlüsse leiden, wenn sie den Einflüssen von Wind und Wetter ausgesetzt sind. Vaseline bietet da einen guten Schutz.

▶ *An der Kuchenbude.*

▶▶ *An der Persenning.*

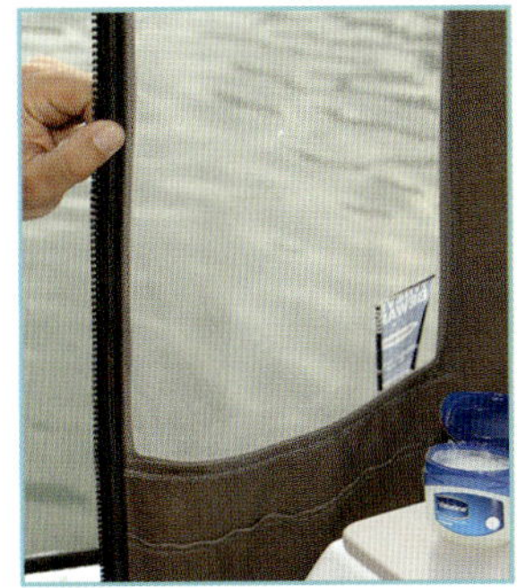

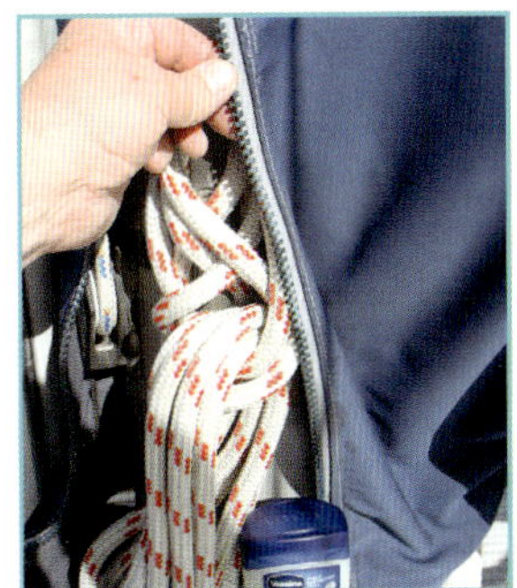

86 Alles wiederfinden

Sind Sie auch immer auf der Suche nach den kleinen Dingen wie Geldbeutel, Lesebrille, Schlüssel oder Handy?

Meine Lösung: Für jeden an Bord einen kleinen Korb! Dort kommt alles hinein – einen Korb für Ihn, einen für Sie und einen für den Hund. So hat wenigstens an Bord alles seinen Platz.

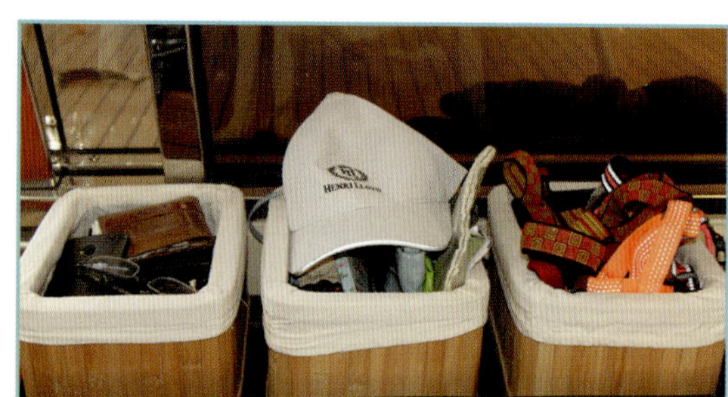

Raten Sie mal, welcher Korb für den Hund ist!

87 Keine zu heißen Getränke

Füllen Sie Getränke für Thermosflaschen nicht zu heiß ab, damit sie nach dem Öffnen nicht erst abkühlen müssen, sondern sofort getrunken werden können.

▸ *Thermosbecher und -flaschen mit Heißgetränken sind sehr praktisch an Bord. Senkrecht stehend kann man den Verschluss offen lassen, damit der Inhalt etwas abkühlt.*

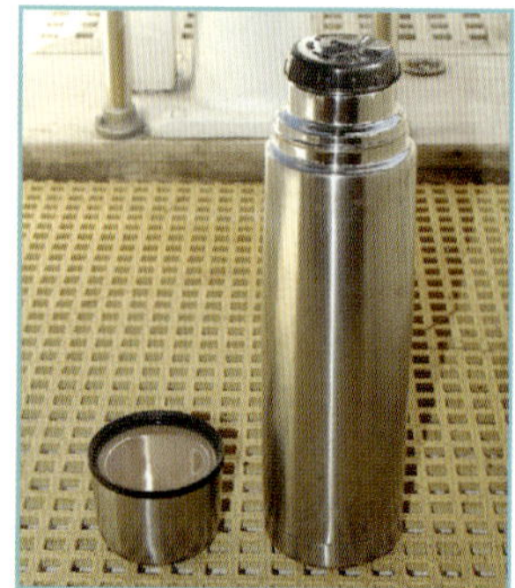

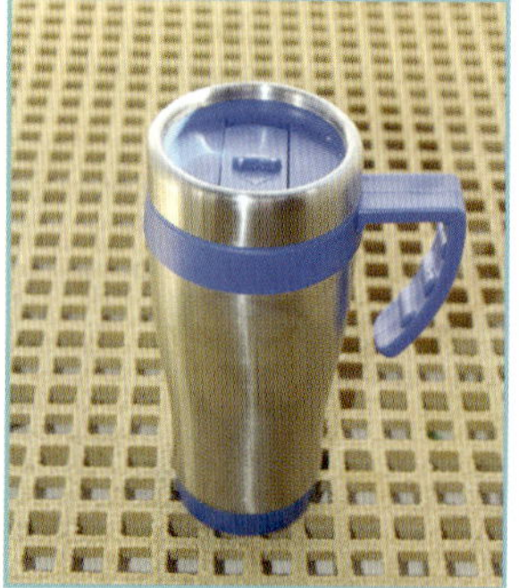

88 Schamfilen vermeiden

Im Hafen habe ich mein Spifall immer zu den Püttingen gespannt.

Dabei hat das Fall die Saling leicht berührt. Während eines Sturms hat das Fall dann so stark an der Saling schamfilt, dass es erheblich beschädigt wurde. Es hat nicht gegen die Saling geschlagen und auch keinen Lärm gemacht, aber der Schaden war so groß, dass ich ein neues Fall anschaffen musste!

Achten Sie überall an Bord auf mögliches Schamfilen. Wenn eine Leine an Metall scheuert, wird sie Schaden nehmen. Ein Stück Plastikrohr kann dies verhindern.

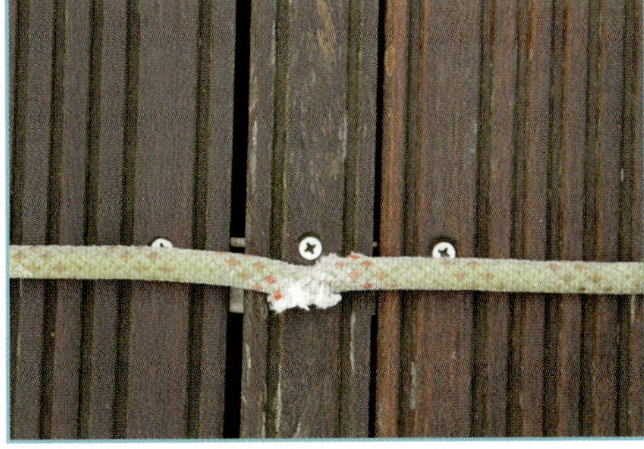

▲ *Das Fall wurde fast ganz durchgescheuert, als es an der Saling schamfilte.*

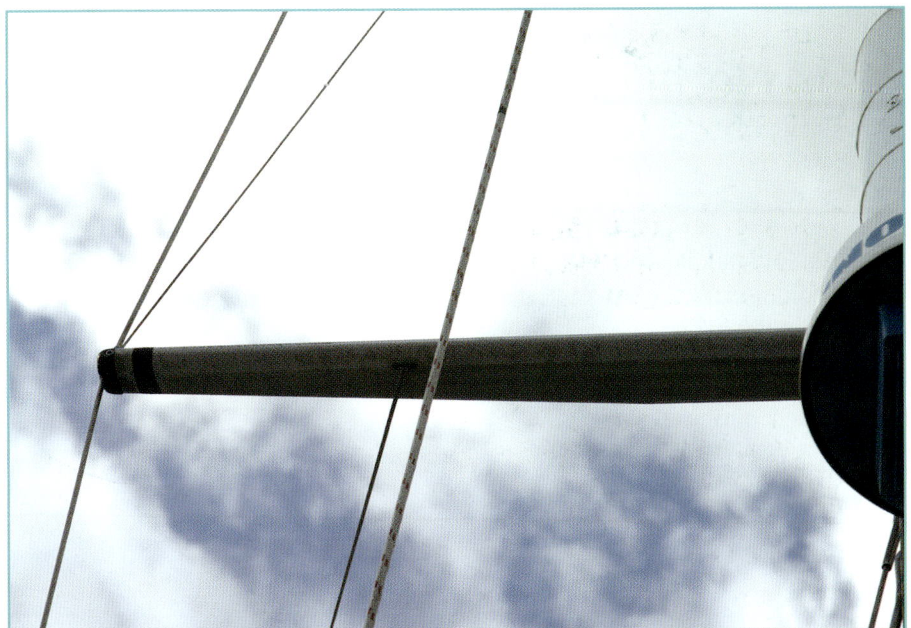

▲ *Das alte Spifall hat so stark an der Saling schamfilt, dass ein neues Fall nötig wurde.*

89 Dichtungen mit Silikonspray pflegen

Lukendichtungen sehen nach einer Behandlung mit Silikonspray wieder wie neu aus.

Umwelteinflüsse trocknen Gummidichtungen aus und lassen sie schrumpfen. Etwas Silikonfett aus der Tube oder als Spray wirkt Wunder. Es kann mit einem Lappen oder einem Stück Küchenrolle aufgetragen werden und verleiht Dichtungen ihre ursprüngliche Elastizität, sodass sie wieder richtig abdichten können. Wenn Sie mit den Lukendichtungen fertig sind, finden Sie bestimmt noch zahlreiche weitere Anwendungsmöglichkeiten an Bord oder zu Hause.

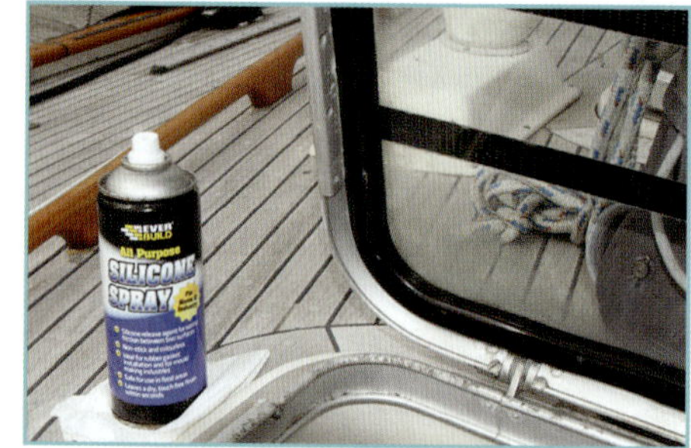

▲ *Silikonspray, Küchenrolle und eine glänzende Gummidichtung.*

90 Notfall-Klebeband

Mit Leckstopfen kann man ein Seeventil verschließen oder ein Schlauchende abdichten. Was aber kann man tun, wenn in der Mitte eines Schlauchs ein Leck entsteht?

Ein Notfall-Klebeband kann in dieser Situation sehr nützlich sein.

Es dichtet blitzschnell ab, ist gummiert und natürlich wasserfest.

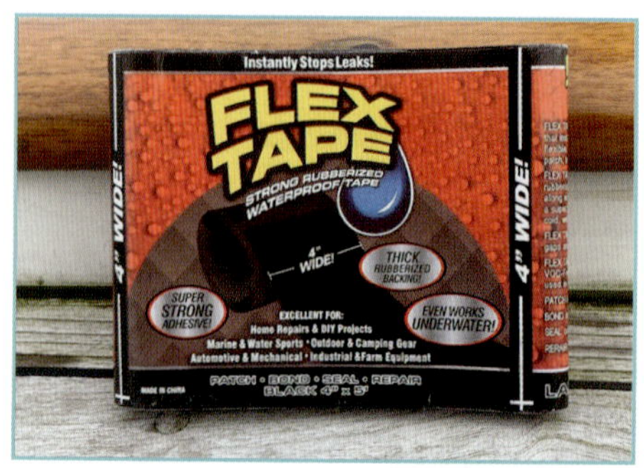

91 Navigationslichter mit Durchblick

Durch Verwitterung und UV-Strahlung entstehen feine Haarrisse an den Kunststofflinsen der Navigationslichter. Dadurch wird die Tragweite herabgesetzt, da das Licht nicht mehr korrekt gebündelt wird. Überprüfen Sie Ihre Navigationslichter auf Haarrisse.

Zusätzlich kann man bei laufendem Motor oder in einer Marina die Navigationslichter längere Zeit eingeschaltet lassen. Durch die Erwärmung reduziert sich die Feuchtigkeit im Inneren.

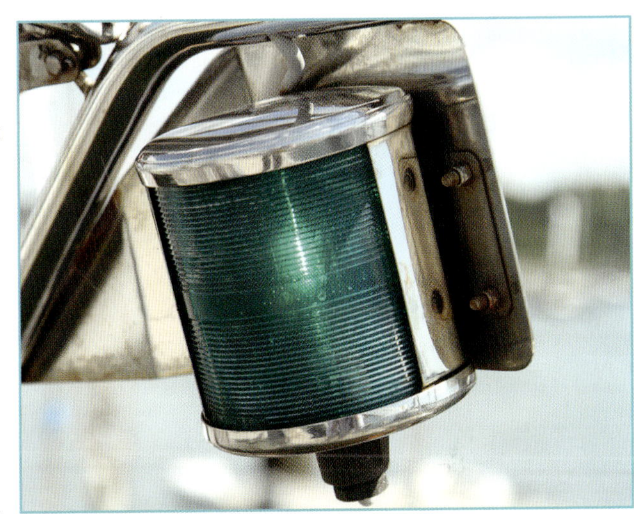

▶ *Diese Linse sieht gut aus.*

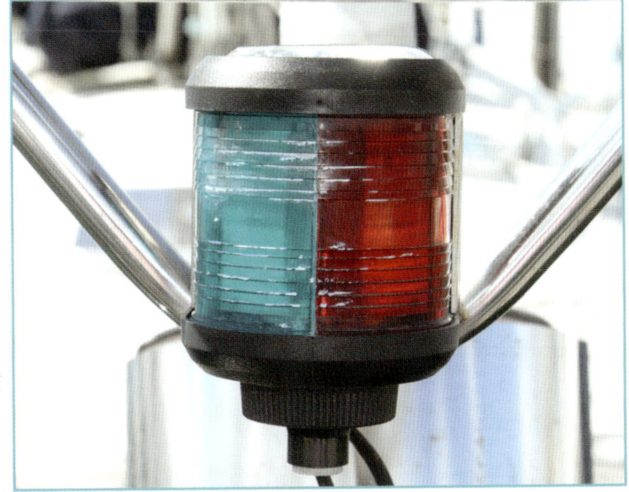

▶ *Auch diese Linse scheint noch okay zu sein, aber die Putzmittel-Rückstände sollten entfernt werden.*

92 Dichtung am Wasserfilter nicht vergessen

Der häufigste Grund für die Überhitzung des Motors ist ein fehlerhafter Kühlwasserfluss. Das kann leicht beim täglichen Motorcheck passieren.

Man öffnet den Wasserfilter, um das Sieb von Rückständen zu reinigen. Dabei fällt der O-Ring aus dem Deckel und landet unbemerkt im Motorraum oder in der Bilge. Schraubt man dann den Deckel wieder auf, bleibt ein kleiner Luftspalt, sodass Luft statt Wasser angesaugt wird, und der Motor überhitzt. Achten Sie deshalb immer darauf, dass der Wasserfilter dicht abschließt.

Einmal WÖK und einmal BLA			
W	=	Wasser	Überprüfen Sie den Wasserfilter auf Verunreinigungen und Rückstände. Überprüfen Sie, ob genug Wasser/Frostschutzmittel im inneren Kühlkreislauf ist, und füllen Sie ggf. nach.
Ö	=	Öl	Kontrollieren Sie das Motoröl und gelegentlich das Getriebeöl.
K	=	Keilriemen	Zustand und Spannung in Ordnung? Beim Eindrücken nicht mehr als 1,5 cm.
B	=	Batterien	Ladezustand in Ordnung? Batteriepole sauber?
L	=	Leckagen	Tritt irgendwo am Motor Flüssigkeit aus?
A	=	Auspuff	Kommt bei laufendem Motor Kühlwasser aus dem Auspuff?

Leckwasser – Um in einem ersten Versuch zu ermitteln, wo das Wasser herkommt, kann man den Finger ins Wasser stecken und schmecken, ob es Salz- oder Süßwasser ist. Das ist die erste Eingrenzung, wo man nach einem Leck suchen muss.

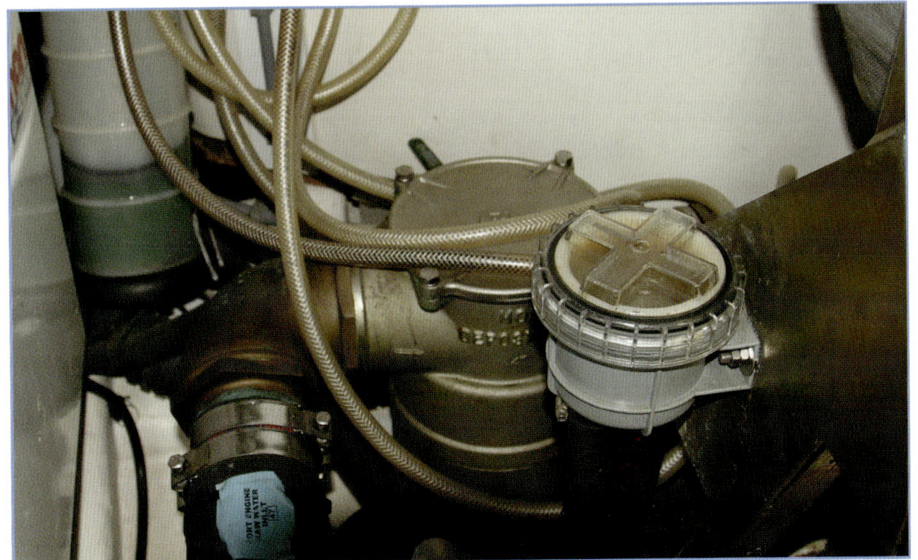

▲ *Achten Sie bei der Inspektion des Kühlwasserfilters darauf, dass die Dichtung an Ort und Stelle ist, bevor Sie den Deckel wieder aufschrauben.*

93 Außenbordmotoren aufrecht stauen

Vermeiden Sie, dass Salzwasser in den Außenbordmotor gelangt und Korrosion verursacht, indem Sie ihn mit dem Schaft nach unten transportieren oder stauen.

Viertakt-Motoren dürfen auch seitlich gelagert werden, aber nur auf einer Seite ist sichergestellt, dass kein Öl austreten kann. Ein entsprechender Hinweis, welche die korrekte Seite ist, findet man in der Betriebsanleitung.

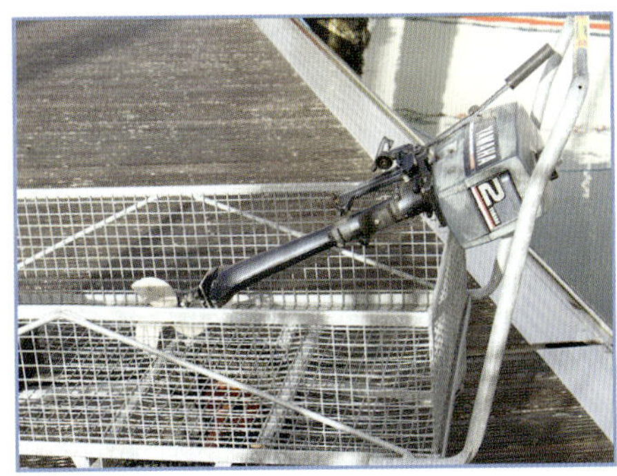

▶ *Solange der Schaft tiefer als der Motor liegt, kann kein Salzwasser in den Motor gelangen.*

94 Wenn der Motor gar nicht starten kann

1.	Die meisten Außenbordmotoren können nicht gestartet werden, wenn der Propeller eingekuppelt ist.
2.	Ein Außenbordmotor kann nicht gestartet werden, wenn die Abziehklammer der Reißleine nicht eingesetzt ist.
3.	Ein Dieselmotor kann nicht gestartet werden, wenn der Absperrhahn in der Kraftstoffleitung geschlossen ist.
4.	Manche Dieselmotoren auf Booten können jedoch gestartet werden, wenn der Propeller eingekuppelt ist.

Legen Sie immer die Reißleine für die Notausfunktion an! Eine zweite Reißleine sollte an einer gut sichtbaren Stelle als Reserve an Bord sein.

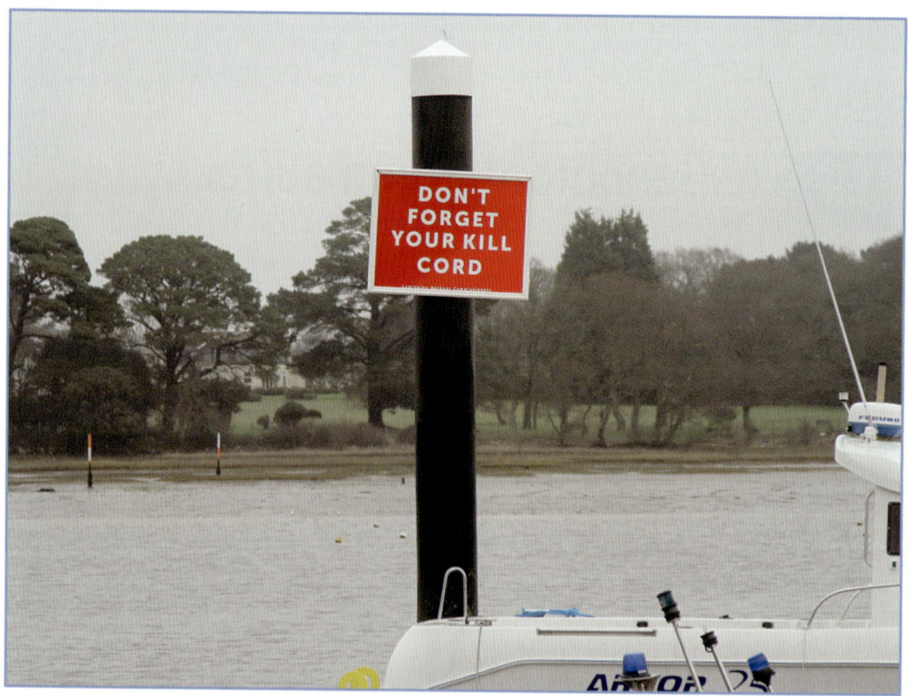

▲ *Kleine Gedächtnisstütze, die Reißleine (kill cord) nicht zu vergessen.*

95 Die Motoralarmtöne kennen

Machen Sie sich mit den Alarmtönen an Bord und ihrer Bedeutung vertraut.

- Bilgenwasser
- Motortemperatur
- Öldruck
- UKW-Alarmton bei Sicherheitsmeldung oder DSC-Notruf

Wer die Alarmtöne kennt, wird bei dem plötzlichen, lauten Ton weniger erschrecken und schon gar nicht in Panik verfallen.

Bei einem Alarmton ist als Erstes Folgendes zu tun: NICHTS.

Es könnte beispielsweise sein, dass bei einem zweimotorigen Boot die Anzeige eines einzelnen Instruments stark vom gleichen Instrument des anderen Motors abweicht. So lässt sich mit einem Blick erkennen, wo das Problem ist. Hätte man die Motoren sofort ausgeschaltet, wäre diese Abweichung unerkannt geblieben.

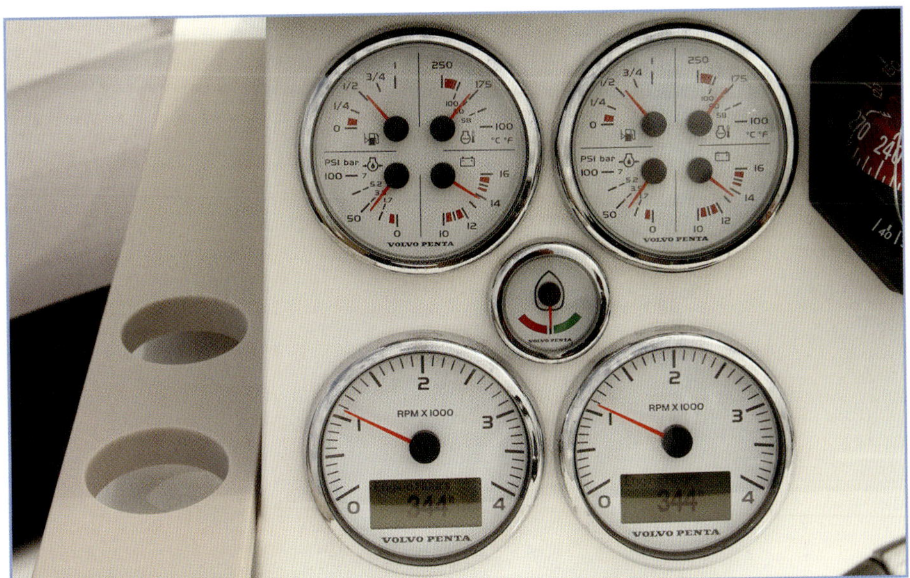

▲ *Hier stimmen die Anzeigen beider Motoren überein. Bei einer größeren Abweichung zwischen beiden kann man sehr schnell erkennen, wo das Problem liegt.*

96 Bedienzüge für Motor- und Getriebeschaltung erneuern

Die Motorschaltung arbeitet im Verborgenen. Oft verlässt man sich auf ihre einwandfreie Funktion, bis sie im ungünstigsten Moment versagt. Meist liegt es an den Bedienzügen, die an ihren Endbefestigungen aufgrund von Verschleiß plötzlich abrechen können.

Ich habe das selbst erlebt. Beim Anlegen wollte ich Schub zurück geben, um das Boot aufzustoppen. Keine Reaktion! Mehr Schub erzeugte nur mehr Lärm, aber das Getriebe kuppelte nicht ein. Zum Glück waren wir nicht sehr schnell und legten gegen den Strom an, sodass ein Crewmitglied auf den Steg springen und das Boot mithilfe einer Leine um eine Klampe langsam aufstoppen konnte, ohne dass wir mit dem Bug anstießen.

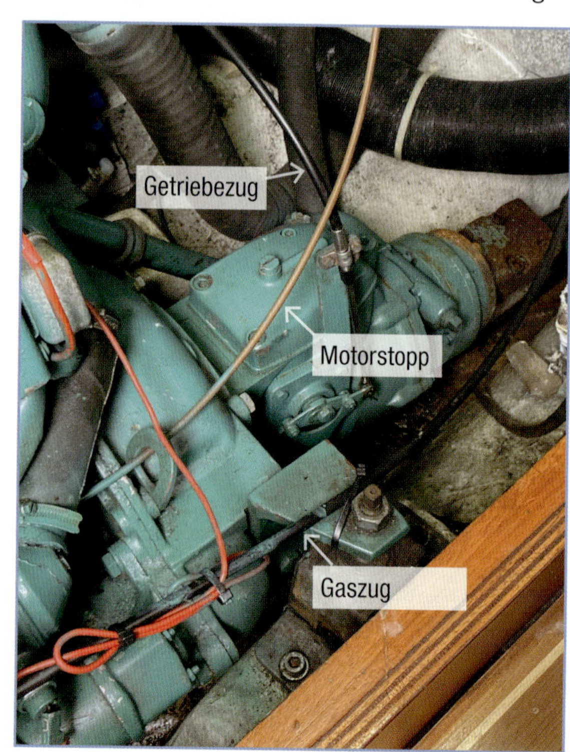

Eine Überprüfung ergab, dass der Bedienzug am Getriebe abgeschert war.

Lektion daraus: Um einen solchen Schreckmoment zu vermeiden, sollte man die Bedienzüge rechtzeitig austauschen und eine Notiz ins Wartungsbuch eintragen, sie nach fünf Jahren erneut zu wechseln.

97 Rauch aus dem Auspuff, und was er bedeutet

Die Färbung der Auspuffgase eines Dieselmotors kann aufschlussreich sein.

Weißer Rauch	**Wasser im Auspuff oder im Motor** Weißer Rauch ist Wasserdampf. Der Grund kann ein ungenügender Kühlwasserfluss sein. Prüfen Sie den Wasserfilter, den Impeller und das Einlass-Seeventil. Es könnte aber auch an einer undichten Zylinderkopfdichtung liegen.
Schwarzer Rauch	**Diesel im Auspuff** Unverbrannter Diesel gelangt in den Auspuff. Das kann bei Überlastung des Motors, zum Beispiel bei starkem Bewuchs des Unterwasserschiffs, passieren.
Blauer Rauch	**Motoröl im Auspuff** Bei vielen Dieselmotoren entsteht etwas blauer Rauch beim Anlassen des Motors. Bleibt der blaue Rauch jedoch während des Betriebs, leidet der Motor unter starkem Verschleiß oder ist schon sehr alt. Ein kaputter Kolbenring könnte auch ursächlich sein, was mit der Zeit zu einem Motorschaden führen wird.

98 Praktische Methode, um den Kühlwasserfluss zu prüfen

Gibt man einen Tischtennisball in den Wasserfilter, kann man mit einem Blick erkennen, ob das Kühlwasser ordnungsgemäß fließt. Der Tischtennisball wirbelt unter dem Sichtglas umher. Ohne ihn sieht man kaum, ob der Filter voll oder leer ist.

Zusätzliche Prüfung
Legen Sie die Hand auf den Deckel der Impellerpumpe. Ist er kühl, ist alles in Ordnung. Ist er heiß, fließt kein Kühlwasser.

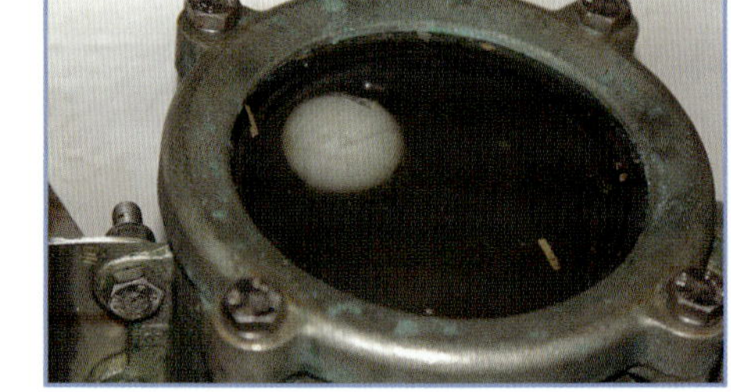

▶ *Tischtennisball im Kühlwasserfilter.*

99 Den tatsächlichen Kraftstoffverbrauch notieren

Die Tankanzeige ist meist unzuverlässig.

Die Tankanzeige auf meiner Hallberg-Rassy zeigt je nach Tagesform entweder voll oder leer an, und zwar unabhängig davon, wie viel Diesel im Tank ist. Deshalb notiere ich den Kraftstoffverbrauch.

Jedes Mal, wenn ich tanke, schreibe ich die Liter und die Motorstunden seit dem letzten Mal Tanken auf. Die Liter geteilt durch die Motorstunden ergibt den durchschnittlichen Verbrauch. Dieser liegt bei mir bei drei Liter pro Stunde.

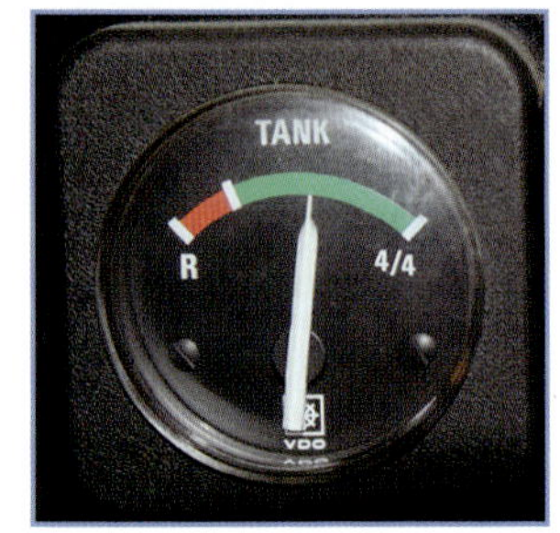

▲ *Der Tank ist in Wirklichkeit noch fast voll!*

Im Winter ist mein Verbrauch etwas höher, weil ich dann die Dieselheizung verwende. Wenn ich also die Motorstunden seit dem letzten Tanken mal drei nehme und vom Fassungsvermögen des Tanks (250 l) abziehe, weiß ich, wie viel ich verbraucht habe und wie viel noch im Tank ist. Im Zweifel tauche ich eine Schnur an einem Stock in den Tank. An der Schnur kann ich den Pegel exakt ablesen. Dann dauert es einige Wochen, bis die Schnur nicht mehr nach Diesel riecht und ich sie wieder an Bord stauen kann. Mit dem Ausloten des Tanks weiß man allerdings nur, dass Diesel im Tank ist, aber man weiß nicht unbedingt wie viel. Denn der Tank ist meist nicht quaderförmig, sondern V-förmig, weil er der Rumpfform angepasst ist, und verjüngt sich nach unten.

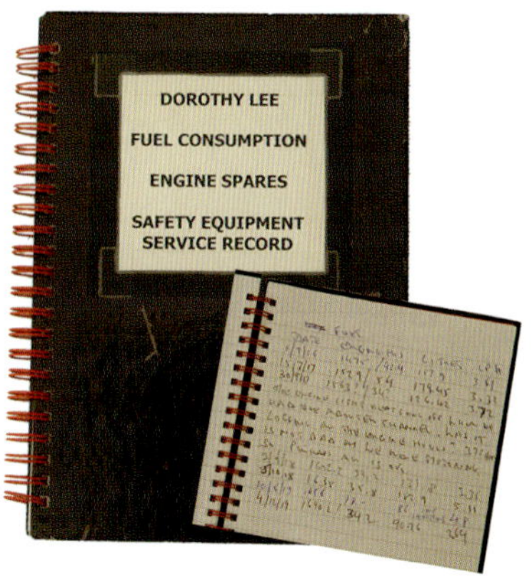

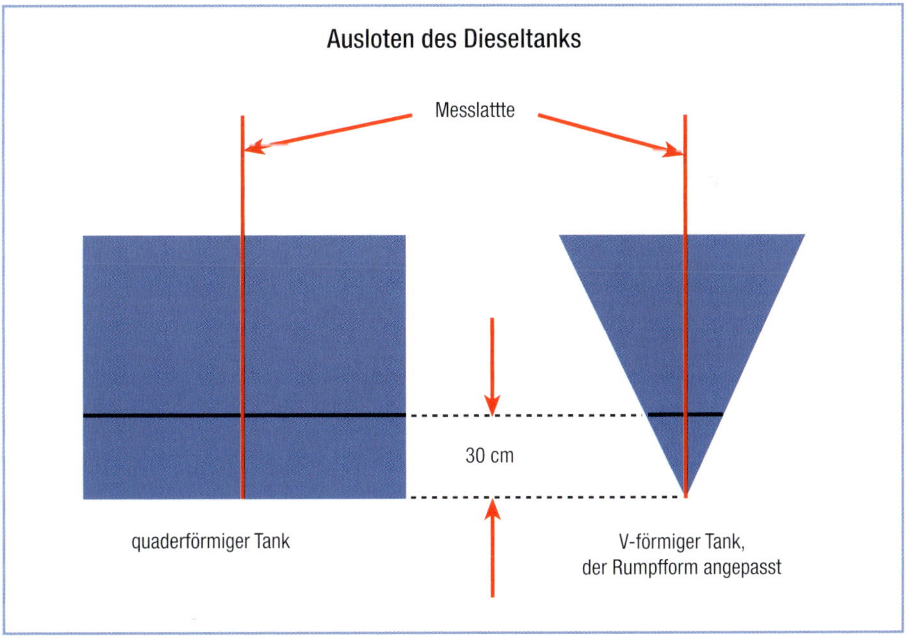

Ausloten des Dieseltanks

Messlattte

30 cm

quaderförmiger Tank

V-förmiger Tank,
der Rumpfform angepasst

▲ *Bei 30 cm an der Messlatte ist bei einem quaderförmigen Tank eine wesentlich größere Restmenge Diesel vorhanden als in einem V-förmigen Tank.*

100 Mittelstellung an der Motorschaltung markieren

Bei den meisten Motorschaltungen ist die Mittelstellung, bei der der Propeller ausgekuppelt ist, gut erkennbar. Ist das nicht der Fall, sollte man eine Markierung anbringen.

Es ist wichtig, dass jeder an Bord den Propeller sicher auskuppeln kann. Bei meinem Boot habe ich die Mittelstellung deshalb zusätzlich markiert.

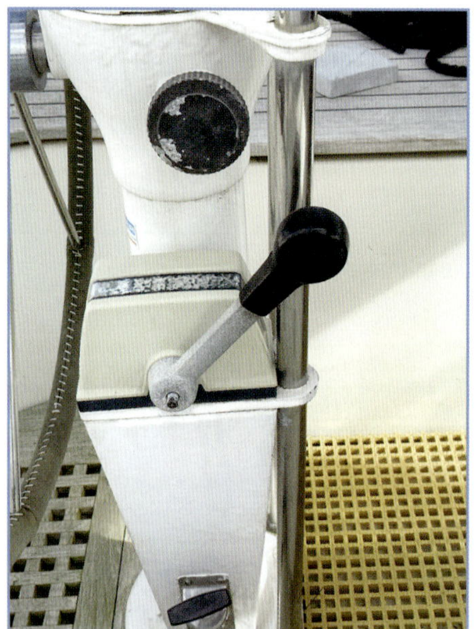

▲ *In dieser Stellung ist auf meinem Boot der Propeller ausgekuppelt.*

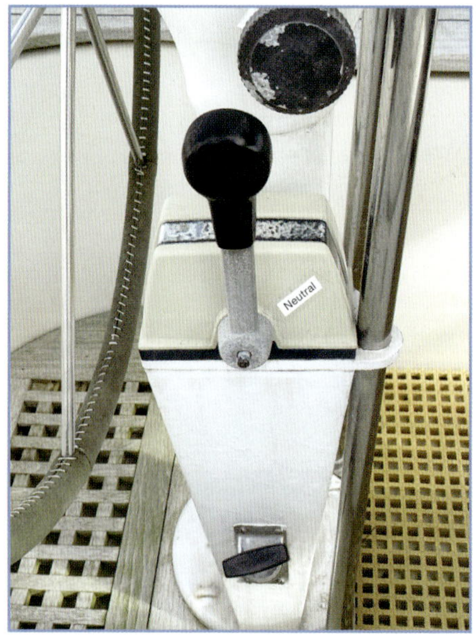

▲ *Steht der Schalthebel senkrecht, ist der Propeller bei mir auf Rückwärtsfahrt eingekuppelt.*

101 Einwintern mit vollem Dieseltank

Bleifreies Benzin und Biodiesel mit geringerem Schwefelgehalt reduzieren zwar schadhafte Emissionen, können aber Wasser absorbieren.

Bei einem vollen Tank kann weniger Feuchtigkeit aus der vorhandenen Luft im Tank kondensieren. Dieseltanks können randvoll befüllt werden, damit so wenig wie möglich Luft im Tank ist. Benzintanks sollten zu 90 % befüllt werden, damit genug Raum für die temperaturbedingte Ausdehnung des Benzins verbleibt.

Zusätzlich können Additive gegen Bakterien im Dieseltank sowie zur Konservierung bei Benzintanks verwendet werden. Lassen Sie sich diesbezüglich von einem Spezialisten für Bootsmotoren beraten.

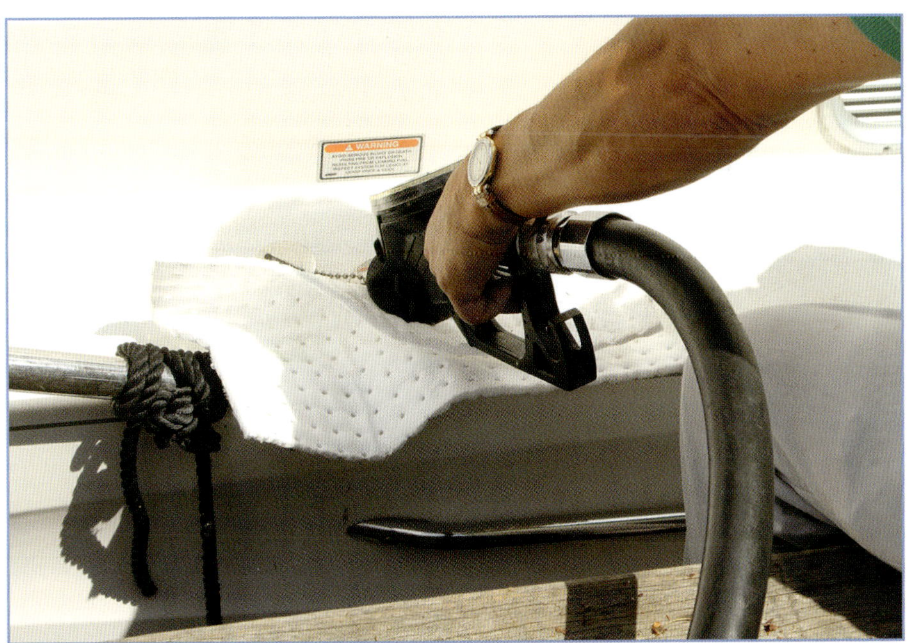

Stichwortverzeichnis